I0060381

LIQUIDATION

DE LA

SOCIÉTÉ AGRICOLE ET INDUSTRIELLE D'ARCACHON

10 Juin 1863

CAHIER DES CHARGES POUR LA MISE EN

VENTE DES TERRAINS DES QUARTIERS

nos 2, 3, 4 et 5

DE LA

PLAINE DE CAZAU

(GIRONDE)

Aux criées du Tribunal de 1re Instance de la Seine

PARIS

IMPRIMERIE ET LITHOGRAPHIE DE RENOU ET MAULDE,

RUE DE RIVOLI, 144.

1863.

CAHIER

Des |charges, clauses et conditions auxquelles seront adjugés à l'audience des criées du Tribunal civil de 1re instance du département de la Seine, séant au Palais de justice, à Paris, sur licitation au plus offrant et dernier enchérisseur, en cinq lots :

Les forêts et semis de pins, domaines terrains irrigables, terres à boiser, landes en friches, ci-après désignés, de la plaine de Cazau, située canton de la Teste, arrondissement de Bordeaux (Gironde).

A la requête, poursuite et diligence de : 1° M. Pierre-Euryale Cazeaux, demeurant à Paris, rue Rumfort, n. 3;

Ayant pour avoué M⁰ Henri Castaignet, demeurant à Paris, rue Louis-le-Grand, n. 28 ;

2° M. Constant Broutta, domicilié à Paris, rue de Londres, n° 7;

Ayant pour avoué M⁰ Alfred Dromery, demeurant à Paris, rue de Mulhouse, n. 9;

MM. Cazeaux et Broutta, agissant au nom et comme liquidateurs de l'ancienne Société agricole et industrielle d'Arcachon;

En présence de : 1° M. Jean-Adrien Festugière, demeurant à Bordeaux, cours du Jardin-Public, n. 15, ci-devant, et maintenant à Paris, rue de Calais, n. 13;

2° M. Jean-Noël Festugière, demeurant à Bordeaux, quai de Bourgogne, n. 52;

3° M. le comte Karl de Puységur, demeurant dans la commune de la Réunion (Lot-et-Garonne);

1863

15892

4° M. le comte Auguste de Chastenet de Puységur, domicilié à l'Isle-du-Tarn (Tarn);

5° M. Adrien-Benjamin Féline, propriétaire, domicilié à Paris, rue du rue Faubourg-Poissonnière, n. 40 *bis;*

6° M. Charles Duveyrier, homme de lettres, domicilié à Paris, rue de Provence, n. 65;

7° M. Adolphe Guéroult, domicilié à Paris, rue de Londres, n. 13;

8° M. Auguste-Jacques-Joseph Leroy, propriétaire, domicilié à Paris, rue du Havre, n. 7;

9° M. Charles Delaboire, domicilié à Castillon, arrondissement de Bayeux (Bayeux);

10° Mme Joséphine-Léocadie Boué de La Grange, épouse de M. Jean-Ariste Boué de Verdier, et ce dernier pour l'assister et autoriser, demeurant ensemble à Paris, boulevard des Invalides, à l'Institution des Jeunes-Aveugles;

11° Mme Marie-Madeleine-Victoire de Pélissier-Chantereine, veuve de M. le marquis Alexandre de Blacas-Carros, domiciliée à Fréjus (Var);

12° M. le vicomte Alphonse de Blacas Carros, propriétaire, demeurant à Fréjus (Var);

13° M. Antoine-Henri Espivent de la Ville-Boisnet, conseiller à la Cour impériale de Paris, y demeurant, rue des Saints-Pères, n. 12;

14° M. Alexandre Delye, propriétaire, domicilié rue de Pologne, n. 69, à Saint-Germain-en-Laye;

15° Mme Marie-Eugénie-Constance Boué de La Grange, épousé séparée, quant aux biens, de M. Pierre-Euriale Cazeaux, et ce dernier pour l'assister et autoriser, demeurant ensemble à Paris, rue Rumfort, n. 3;

16° M. Jean-Baptiste Roubo, avocat, domicilié à Paris, rue Rameau, n. 6;

17° M. Antoine de Pinteville-Cernon, proprétaire, domicilié à Paris, rue Neuve-de-l'Université, n. 14;

18° M. Antoine-Cyprien Gris, domicilié à Paris, rue de la Cerisaie, n. 13;

19° M. Louis-Aimé Fizeau, propriétaire, demeurant à Paris, rue Palatine, n. 5;

20° M. Philibert-Anatole Féry, domicilié à Bordeaux, ci-devant, et maintenant à Paris, rue Lavoisier, n. 20;

21° M. Félix Broutta, domicilié à Paris, rue de Londres, n. 7;

22° M. Ossian Verdeau; propriétaire, demeurant à Paris, place de la Madeleine, n° 19;

23° M. Paul-Émile Vissocq, ingénieur, domicilié à Santander (Espagne);

24° M. Jules de Colonia, propriétaire, domicilié à Paris, rue de Lille, n. 3;

25° M. Armand, baron de Chabannes, propriétaire, domicilié à Roussainville, commune d'Illiers, arrondissement de Chartres;

26° M. Achille-Etienne Broutta, rentier, domicilié à Paris, rue Monsieur, n. 7;

27° M. Louis Jourdan, homme de lettres, domicilié à Passy, rue du Ranelagh, n. 40;

28° M. le vicomte Victor de Chastenet de Puységur, demeurant à Rabastens (Tarn);

29° M. le comte Louis de Bertier, propriétaire, demeurant au château de La Grange, près Thionville (Moselle);

30° Mᵐᵉ Marie-Laurence, comtesse de Gimel, chanoinesse, domiciliée au château de Tudeil, canton de Beaulieu (Corrèze); ladite dame habile à se dire et porter héritière de Mᵐᵉ Thérèse-Anne Walsh, décédée veuve de M. le comte Louis de l'Epinay;

31° M. Henri-Marie-Joseph de Sinety, demeurant à Toulouse, rue du Tour, 64;

32° M. le comte Louis-Ildefonse de Clappiers, demeurant à Chantilly, près Brignolles (Var);

33° M. Félix-Ferdinand Durand, domicilié à Courbevoie, rue du Château, n. 8;

34° M. Louis-Alfred, comte de Saint-Mauris, propriétaire, demeurant à Saint-Amour (Jura);

35° Mᵐᵉ Marie-Adèle-Charlotte Laurent de Villedeuil, épouse de M. le marquis de Vesins, et ce dernier pour l'assister et autoriser, demeurant ensemble au château de Vesins, arrondissement de Milhau (Aveyron);

Ladite dame agissant au nom et comme légataire universelle de
M. Anne-Pierre-Charles-Timoléon-Laurent, marquis de Villedeuil, lequel
était lui-même légataire universel de M. le comte Charles de Laforest-
Divonne ;

36° Mlle Louis-Antoinette-Jéronime-Charlotte de Laforest-Divonne, propriétaire, demeurant à Paris, rue Neuve des Petits-Champs, n. 35; ladite
demoiselle Divonne au nom et comme légataire de M. le comte Charles
de Laforest-Divonne, sus-nommé;

37° M. Paul Héricart de Thury, propriétaire, domicilié à Paris, quai
Voltaire, n. 5;

Tous les susnommés ayant pour avoué Me Emile-Jean-Louis Caron,
demeurant à Paris, rue de Richelieu, n. 45 ;

38° M. Hilaire-Etienne-Octave Rouillé, marquis de Boissy, propriétaire,
demeurant à Paris, cité de Londres, n. 4, rue Saint-Lazare, n. 78;

Ayant pour avoué Me Jules-César Lavaux, demeurant à Paris, rue
Neuve Saint-Augustin, n. 24 ;

39° M. Ernest André, propriétaire, demeurant à Paris, rue du Faubourg-Poissonnière, n. 30;

40° M. Jean-William Foussat, négociant, demeurant à Bordeaux, rue
Vauban, n. 23;

41° M. Raimond-Justin Foussat, négociant, demeurant à Bordeaux, rue
Vauban, n. 23 ;

42° M. Jean-Charles Foussat, négociant, demeurant à Bordeaux, cours
du Jardin-Public, n. 30;

43° M. Maurice Cottier, propriétaire, demeurant à Paris, rue des
Petites-Écuries, n. 52;

44° M. Frédéric-Adolphe Marcuard, propriétaire, demeurant à Paris,
rue Bergère, n. 18 ;

Les susnommés ayant pour avoué Me Giry, demeurant à Paris, rue de
Richelieu, n. 15;

45° M. Laurent-Théodore Cottreau, propriétaire, demeurant à Paris,
rue Richer, n. 48;

46° M. Laurent Cottreau, demeurant à Paris, rue Hauteville, n. 23;

47° M. Jean Fabas de Mautort, propriétaire, demeurant à Paris, rue du Faubourg-Saint-Martin, 177 ;

Ayant pour avoué M⁰ Gabriel-Alfred Cottreau, demeurant à Paris, carrefour Gaillon, n. 25.

48° M. Domaine-Guillaume Mestrezat, demeurant à Bordeaux, rue du Parlement-Sainte-Catherine, n. 24 ;

49° M. H.-N. Hovy, demeurant à Bordeaux, pavé des Chartrons, n. 5 ;

50° M. Nathaniel Johnston, demeurant à Bordeaux, pavé des Chartrons, n. 16 ;

Les susnommés ayant pour avoué M⁰ Henri Pochard-Brémard, demeurant à Paris, rue Louis-le-Grand, n, 25.

51° M. Charles-Auguste-Marquis, marquis de Coriolis d'Espinouse, propriétaire, demeurant à Paris, rue de Grenelle-Saint-Germain, n, 123 ;

52° M. Ludovic-Omer, marquis d'Estampes, propriétaire, demeurant au château de Montigny, commune de Perreux, canton de Charny (Yonne) ;

Ayant pour avoué M⁰ Martin-Eugène Gaullier, demeurant à Paris, rue du Monthabor, n. 12 ;

53° M. Pierre-Marie-Nicolas-Achille-Timoléon Falcou, propriétaire, demeurant à Paris, rue Tronchet, n. 5 :

Ayant pour avoué M⁰ Jean-Louis Guidou, demeurant à Paris, rue Neuve-des-Petits-Champs, n. 66.

54° Mme Anne-Charlotte-Marie-Amélie de Montmorency, épouse de M. Désiré-Emmanuel-Delie-Timoléon comte de Brissac, et ce dernier pour assister et autoriser la dame son épouse, demeurant ensemble à Paris, rue de Varennes, n. 11 ;

55° Mme Anne-Élie-Marie-Amélie de Montmorency, épouse de M. Armand-Marie-Antoine de Biencourt, et ce dernier pour assister et autoriser la dame son épouse, demeurant ensemble à Paris, rue Saint-Dominique-Saint-Germain, n. 67 ;

Ayant pour avoué M⁰ Jean-Baptiste-Albert Marquis, demeurant à Paris, rue Gaillon, n. 11 ;

56° Mme Anne-Sidonie-Marie-Joséphine de Montmorency, épouse de

M. Charles-Marcel-Edmond comte de La Châtre, et ce dernier pour assister et autoriser la dame son épouse, demeurant ensemble à Paris, rue de Varennes, n. 7 ;

Ayant pour avoué Mᵉ Édouard Quatremère, demeurant à Paris, rue du Vingt-neuf Juillet, n. 3 ;

Mᵐᵉˢ de Brissac, de Biencourt et de La Châtre, héritières de M. Anne-Gaston-Christian prince de Montmorency, en son vivant propriétaire, demeurant à Paris, rue de Varennes, n° 7 ;

57° M. François-Jean Bayvet, propriétaire, domicilié à Paris, rue Saint-Louis-au-Marais, n. 44 ;

Ayant pour avoué Mᵉ Charles-Jacques-Étienne Boinod, demeurant à Paris, rue de Ménars, n. 14 ;

58° M. Emeric-Laurent-Paul-Guy de Durfort-Civrac, duc de Lorge, propriétaire, demeurant à Fontpertuis, commune de Doully, près Beaugency (Loiret), ci-devant, et maintenant à Paris, rue de Grenelle-Saint-Germain, n. 52 ;

59° Mᵐᵉ Stéphanie-Louise Dubois, veuve de M. Charles Édouard Joseph marquis de Dion, propriétaire, demeurant à Paris, rue Neuve-des-Mathurins. n. 95 ;

Agissant comme ayant été commune en biens avec le sieur son mari, et comme sa donataire, et enfin comme sa légataire universelle et comme s'étant rendue adjudicataire desdites communauté et succession dans la liquidation d'Arcachon, aux termes d'un jugement de l'audience des criées du Tribunal civil de la Seine, du 31 mai 1856 ;

Ayant pour avoué Mᵉ Édouard-Marie-Félix Lacroix, demeurant à Paris, rue de Choiseul, n. 21 ;

60° M. Antoine-Cyprien Gris, demeurant à Paris, rue de la Cerisaie, n. 13, et M. Jean-Baptiste Roubo, avocat, demeurant à Paris, rue Rameau, n. 6 ; agissant tous deux comme seuls gérants de la Société constituée sous la raison sociale Gris, Roubo et Cⁱᵉ, dont le siége est à Paris, rue Rameau, n. 6 ;

Ayant pour avoué Mᵉ Adolphe-Joseph Louveau, demeurant à Paris, rue Gaillon, n. 13.

61° M. Jean-Joseph-Charles Choisnard, propriétaire, domicilié à Saint-Mandé, Grande-Rue, n. 60, ayant pour avoué ledit M° Caron ;

62° M. Jean-Louis Vallier, huissier, demeurant à Draguignan (Var), au nom et comme curateur à la succession vacante de M. le comte Claude-Marie-Alexandre de Blacas-Carros, décédé à Draguignan, ayant figuré au jugement ci-après énoncé, où il était représenté par M° Caron, son avoué ;

En exécution d'un jugement rendu en la première chambre du Tribunal civil de première instance du département de la Seine, le 4 avril 1857, enregistré et signifié à avoués, le 19 mai suivant, par acte du Palais, et à domicile, savoir : à M. le duc de Lorge, par exploit de Leclair, huissier à Beaugency, du 6 juin 1857; à M. Xavier-Nicolas-Casimir Peyrol, par exploit de Estève, huissier à Grignan, du 6 juin 1857; à M. le marquis de Coriolis d'Espinouse, à M. Leroy, à M. Vissocq, par exploit de Jacquin, huissier à Paris, du 8 juillet 1857; à MM. Courtet de l'Isle, Ossian-Nerdeau, Laurent-Théodore Cottreau, Laure, au nom et comme subrogé-tuteur des mineurs Neyret, ci-après nommés, Gris, Durand et Choisnard, par exploit du même huissier, du 9 juin; à MM. Broutta, d'Izarn-Freyssinet, Féline; à M. et Mme Cazeaux; à MM. Duveyrier, de la Ville-Boisnet, Roubo, de Pinteville-Cernon, Fizeau, Félix Broutta, de Colonia, Héricart de Thury, de Boissy, André, Cottier, Marcuard, Laurent Cottreau, Falcou, Gris, Roubo et Cie; à M. et Mme de Brissac, M. et Mme de Biencourt, M. et Mme de la Châtre, Mme veuve Veyret ès-noms; à MM. Duncan, Bayvet; à Mme veuve de Dion, Mlle de la Forest-Divonne, par exploit dudit Jacquin, du 5 juin 1857; à MM. Guéroult, Mareschal, Fontaine, Jourdan, M. et Mme Boué de Verdier, par exploit dudit Jacquin, du 17 juin; à M. le marquis d'Estampes, par exploit de Grenet, huissier à Charny, du 23 juin; à M. le baron de Chabannes, par exploit de Durand, huissier à Illiers, du 9 juillet: à M. Delye, par exploit de Berrurier, huissier à Saint-Germain-en-Laye, du 9 juillet ; à Mme veuve marquise de Blacas-Carros et M. le vicomte de Blacas-Carros, par exploit de Jenon aîné, huissier à Draguignan, du 26 juin; à M Sagey, par exploit de Landaré, huissier à Tours, du 13 juin; à Mme la comtesse de Gimel, par exploit de Chabriniac, huissier à Beaulieu, du 6 juin;

à M. Achille-Félix-Étienne Broutta, par exploit de Racine, huissier à Versailles, du 5 juin ; à M. Fabas de Mautort, par exploit d'Isambert, huissier à Marly-le-Roi, du 6 juin ; à M. le comte Auguste et M. le vicomte Victor de Chastenet de Puységur, par exploit de Fabre, huissier à Rabastens, du 8 juin ; à M. François, par exploit de Boisseau, huissier à Nantes, du 5 juin ; à M. de Sinety, par exploit de Mech, huissier à Toulouse, du 5 juin ; à M. et Mᵐᵉ de Vesins, par exploit de Toscan, huissier à Saint-Léon (Aveyron), du 12 juin ; à M. le baron de Blacas-Carros, par exploit de Ferand, huissier à Digne, du 8 juin ; à M. le comte de Puységur, par exploit de Duport, huissier à Castel-Jaloux, du 19 juin ; à M. le comte de Saint-Mauris, par exploit de Gavand, huissier à Saint-Amour (Jura), du 6 juin ; à M. et Mᵐˢ Escoffier, par exploit de Garnier, huissier à Gap du 8 juin ; à M. le comte Ildefonse de Clappiers, par exploit de Quinson, huissier à Brignolles, du 18 juin ; à M. Jean-Antoine Peyrol, par exploit d'Estève, huissier à Grignan, du 13 juin ; à MM. Jean-Adrien Festugière, Jean-Noël Festugière, Jean-Charles Foussat, Mestrezat, Hovy, Johnson, Jean-William Foussat, Raimond-Justin Foussat, par exploit de Salinier, huissier à Bordeaux, du 6 juin ; à M. le comte de Bertier, par exploit de Guillemin, huissier à Thionville, du 9 juin ; à M. Fery, par exploit de Salinier, huissier à Bordeaux, du 8 juin ; à M. Delaboire, par exploit de Barbey, huissier à Bayeux, du 5 juin ; à M. Joseph-Dominique Peyrol, par exploit de Lengignard, huissier à Salon, du 9 juin ; à M. Séverin Giraud, par exploit de Durand, huissier à Alger, du 2 octobre 1857 ; et à M. Vallier, ès noms, par exploit de Rey, huissier à Draguignan (Var), du 23 novembre 1857, tous enregistrés.

Lequel jugement a prorogé de trois années, à compter du 11 juin 1856, le délai pendant lequel les liquidations Broutta et Cazeaux ont pu provoquer la cessation de l'indivision, quant aux parties des biens de ladite Compagnie d'Arcachon, restées indivises entre les liquidateurs et les acquéreurs des lots vendus aux criées du Tribunal, le 22 décembre 1847 ; a autorisé lesdits liquidateurs à vendre, en l'audience des criées du Tribunal, ceux des biens du quartier n. 1, et ceux des biens réservés dans les autres quartiers, ou rentrés à la liquidation, par l'effet de folles enchères suivies d'adjudication aux dates des 10 avril 1851 7 juin 1855 et autres, dont la liquidation est restée seule propriétaire ; a ordonné que tous lesdits biens seront vendus d'après le nouveau lotissement et sur les mises à prix fixées présentement, savoir : quartier n. 1, 390 hectares 2 ares 75 centiares, sur la mise à prix de 172,211 fr. ; quartier n. 2, 1045 hectares, sur la mise à prix de 236,700 fr. ; quartier n. 3, 3181 hectares 70 ares 44 centiares, sur la mise à prix de 190,900 fr. ; quartier n. 4, 1441 hectares 75 ares 78 centiares, dans la partie plantée en pins, sur la mise à prix de 165,110 fr. ; quartier n. 5, 848 hectares 53 ares, plantés en pins, sur la mise à prix de 407,000 fr. ; a ordonné que la mise en vente desdits biens à l'audience des criées du Tribunal, aurait lieu de ce jour à la fin de décembre prochain. Et, pour prévenir de nouveaux frais, a ordonné, qu'au cas où il ne se présenterait pas d'enchérisseurs sur les mises à prix, pour l'un quelconque des lots, il serait procédé, dans les six mois suivants, à une nouvelle tentative de vente, sur les mises à prix réduites d'un tiers pour les quatre premiers lots, et d'un quart pour le cinquième ; a autorisé les liquidateurs Broutta et Cazeaux à toucher seuls, sur leur simple quittance, et avec le concours de Gris, Roubo et Cⁱᵉ, créanciers inscrits, ou sur la quittance conjointe de ceux-ci, tous les prix à provenir des adjudications, tant celle déjà faite le 13 mai 1854, suivie de surenchère, par adjudication du 13 juin 1855, au Tribunal de Bordeaux, et celle du 1ᵉʳ décembre 1855, que celles restant à faire, et à donner main-levée des inscriptions d'office de priviléges, et à consentir désistement de toute action résolutoire à concurrence des prix payés, et ce, sans qu'il soit nécessaire d'appeler aux quittances constatant des paiements faits à Gris, Roubo et Cⁱᵉ par les adjudicataires, aucun des copropriétaires de portions indivises présents à l'adjudication, sauf aux liquidateurs à faire compte aux ayants droit, des sommes qu'ils auront ainsi touchées, notamment aux adjudicataires des lots divis du 22 décembre 1847, pour les portions de prix représentatives de leur droit de copropriété ; à faire lesquels paiements et main-levée et radiation d'inscription, sur la simple quittance des liquidateurs et de Gris, Roubo et Cⁱᵉ, créanciers inscrits, seront tous adjudicataires et conservateurs des hypothèques contraints, quoi faisant déchargés ; a ordonné que le jugement du 11 juin 1853 continuerait à recevoir exécution sur le surplus de ses dispositions, et a compensé les dépens

2

qui seront employés en frais de vente, avec distraction au profit des avoués.

Désignation des biens à vendre

Désignation générale des terrains de la plaine de Cazau.

La plaine de Cazau, située sur les trois communes de Teich, de Gujan et de la Teste, arrondissement de Bordeaux (Gironde), offre une contenance superficielle de 10,433 hectares 30 ares 72 centiares de terres à divers usages, d'un seul tenant, contenance dans laquelle ne se trouve pas comprise une certaine quantité de terrains enclavés, qui sont :

1° Diverses portions d'immeubles aliénés par la société d'Arcachon, du 27 février 1844 au 20 juin 1847 ;

2° Et plusieurs parties de terres qui n'ont jamais appartenu à ladite Société.

La plaine de Cazau, que traverse du midi au nord le canal de la Compagnie des Landes de Bordeaux, sur lequel la Société d'Arcachon possède une prise d'eau, concédée par ordonnance royale du 3 juillet 1838, est limitée :

Au nord, par les landes communales du Teich et de Gujan ;

Au midi, par les terres et landes de Laignereau et de Sanguinet, ainsi que par le village et l'étang de Cazau ;

A l'est, par les landes Villemore ;

A l'ouest, par la grande forêt de la Teste ;

Enfin, la plaine est divisée en cinq quartiers distincts.

Lesdits cinq quartiers sont :

N° 1. Le quartier dit de la Colonisation, contenant en superficie 1443 hectares 40 ares 28 centiares, au total ; tenant du nord, par la Craste-Baneyre, aux landes communales de Gujan ; du midi au grand canal d'irrigation n° 1 ; de l'est à M. le comte de Saint-Mauris, à Mme Cazeaux et à M. le comte de Vanssay et MM. le vicomte de Freyssinet et Espivent de la Ville-Boisnet ; de l'ouest au canal de la Compagnie des Landes et au domaine dit la Forge–d'Arcachon.

N° 2. Le quartier dit de la Forêt de la Teste, offrant une contenance totale de 1045 hectares ; tenant du bout nord aux landes communales et terres de la Teste ; du bout midi à l'étang de Cazau ; de l'est au canal des Landes, et de l'ouest à la grande forêt de la Teste.

N° 3. Le quartier dit des Irrigations par Machines (comme étant susceptible d'irrigation par ce moyen), ayant une superficie de 3,181 hectares 70 ares 44 centiares, tenant du nord au grand canal d'irrigation n. 1, au domaine de Taures ; du midi à l'étang de Cazau et aux landes et terres du village de Cazau ; de l'est au quartier n. 4 et aux landes de Sanguinet, dont il est séparé par le chemin du Teich à Sanguinet, faisant limite entre les deux communes du Teich et de Gujan, et aux landes communales de Sanguinet ; et de l'ouest aux terrains réservés du quartier n° 1 et aux terres et landes du village de Cazau.

N° 4. Le quartier dit des Landes et Semis du Teich, offrant une contenance de 3,246 hectares 20 ares au total, tenant du nord au quartier n° 5, dont il est séparé par un fossé ; du midi aux landes communales de Sanguinet et au domaine de Laignereau ; de l'est aux landes dites de Villemore, et de l'ouest à la ligne du chemin du Teich à Sanguinet.

N° 5. Le quartier dit la Forêt-Nezer, contenant au total 1,517 hectares, tenant du nord aux landes communales du Teich et à la forêt de M. Irigoyen ; du midi à la forêt de M. Irigoyen et au quartier n° 4, dont il est séparé par un fossé ; de l'est aux landes du Teich, à la forêt de M. Irigoyen et aux landes dites de Villemore ; de l'ouest à ligne du chemin du Teich à Sanguinet.

Désignation par quartiers des terrains mis en vente

QUARTIER N° 1 DE LA PLAINE DE CAZAU.

1° Le domaine de Chabannes, consistant en corps d'habitation, bâtiments pour l'exploitation et terrains irrigables traversés par des fossés et rigoles et en partie nivelés, le tout d'une contenance superficielle de 65 hectares, tenant du nord à la Craste-Baneyre et à M. Noël Festugière ; du midi au canal d'irrigation n° 4, chemin entre deux, et à la forge d'Ar-

cachon ; d'orient à la route agricole de la Hume à Cazau ; d'occident au
canal de navigation des Landes et à la forge ; ci   65   »   »

2° Le domaine dit la forge d'Arcachon, consistant en
haut fourneau, constructions, chute d'eau, dérivations et
canaux, corps d'habitation, magasins, jardin, prairie et
terrains irrigables, d'une superficie de 14 hectares 46 ares,
traversés par le canal des usines et par des rigoles ; le
tout tenant du nord et d'orient au domaine de Chabannes ; du midi au canal d'irrigation n° 4 et au moulin à riz
des Landes, chemin entre deux ; d'occident au canal de
navigation des Landes, chemin entre deux, ci   14   46   »

Ne sont pas compris dans ce qui précède le canal des
usines ni ses francs bords qui restent la propriété exclu-
sive de la Société d'Arcachon.

3• Le domaine de Villemarie, comprenant corps de lo-
gis, bâtiments pour l'exploitation, logements d'ouvriers,
jardins, prairies et terres irrigables presque toutes en
rapport, d'une superficie de 45 hectares 10 ares, le tout
tenant du midi au canal d'irrigation n° 3, chemin entre
deux ; du nord au canal d'irrigation n° 4, chemin entre
deux ; d'orient à cinq lots de la plaine, portant les n°ˢ 84
à 88 ; d'occident au moulin à riz des Landes, ci   45   10   »

4° 240 hectares 78 ares 66 centiares de terrains presque
entièrement irrigables, divisés en trois portions distinctes,
situées, la première entre le canal d'irrigation n° 3 et le
canal d'irrigation n° 2, la deuxième entre les canaux d'irrigations n°ˢ 1 et 2, la troisième entre le canal de prise
d'eau et les terres du moulin à riz des Landes ; le tout tenant du nord au canal n° 3 et aux terres du moulin à riz ;
du midi au canal d'irrigation n° 1, chemin entre deux,
ainsi qu'au canal de prise d'eau ; d'orient à neuf lots de
la plaine, portant les n°ˢ 24 à 28 et 56 à 59 ; d'occident
au canal de navigation des Landes, chemin entre deux; ci   240   78   66

A reporter . . . .   124h.56   »

	Report	124 h. 56	»

5ª 9 hectares 12 ares 28 centiares de terrains irrigables composant le lot n° 72 de la plaine, attenant du
nord, chemin entre deux, au canal d'irrigation n° 4, ci. ... 9 12 28

6° 7 hectares 55 ares 81 centiares de terrains irrigables composant le lot n° 96 de la plaine, tenant d'orient
au chemin de la Ruade à Sanguinet, ci 7 55 81

7° Enfin, 3 hectares terrains irrigables, situés au nord
du canal d'irrigation n° 2, tenant du midi au canal, chemin entre deux ; du nord à M. le comte de Blacas, d'o-
rient à M. Reboul, et d'occident au chemin de Mestras à
Sanguinet, ci........................ .... 8 » »

	TOTAL	390 h. 02	75

QUARTIER N. 2.

Le quartier n. 2 contient en superficie 1,045 hectares dont 600 hectares, terrains irrigables traversés par des canaux et rigoles, sont nivelés.
Ce quartier sur 4 points duquel se trouvent quelques constructions (à
Bonneval, au Becquet, au Courneau, au Cap d'Aumont), tient d'orient au
canal de navigation des Landes, le chemin de la Teste à Cazau entre deux
sur partie ; d'occident et du bout nord à la Craste-Nezer séparative de la
forêt de l'État et des terres de la Teste, et du bout midi à l'étang de Cazau, ci. . . . . 1,045 h

QUARTIER N. 3.

Le quartier n. 3 des Irrigations par Machines offre une contenance
superficielle de 3,181 hectares 70 ares 44 centiares de landes en friches.
Il tient du nord au canal de prise d'eau, au canal d'irrigation n. 1 et au
domaine de Taurès, du midi à l'étang de Cazau, d'orient au bois du Teich,
le chemin du Teich à Sanguinet entre deux , d'occident au village de

Cazau, au canal de navigation des Landes et au canal de prise d'eau, ci . . . . 3,181 h. 70 a. 44 c.

QUARTIER N. 4.

1° Un lot n° 1, numéroté 1, terrains d'une contenance superficielle de 1,004 hectares 17 ares 78 centiares, y compris 95 hectares 17 ares 78 centiares d'une bande longeant les landes communales de Sanguinet. Ce lot comprend 220 hectares de bois de pins de 14 ans; 50 hectares semis depuis 5 ans, et 734 hectares 17 ares 78 centiares landes à boiser; il tient du nord à MM. Pereire, pare-feu mitoyen entre deux, du midi aux landes communales de Sanguinet; d'orient aux landes de Villemore ainsi qu'à des terres de la Société d'Arcachon; d'occident au chemin du Teich à Sanguinet séparatif du quartier n. 3 de la plaine, ci   1,004 h. 17 a. 78 c.

Ce lot, numéroté 1, renferme une enclave dite le Taron.

2° Un lot, numéroté 3, de terrains contenant en superficie 437 hectares 58 ares, dont 357 hectares 58 ares boisés en pins de 14 ans, et 80 hectares semis de pins de 5 ans; tenant du nord à M. Nat. Johnston, pare-feu mitoyen entre deux; du midi à MM. Pereire, pare-feu mitoyen entre deux; d'orient aux landes de Villemore, et d'occident au chemin du Teich à Sanguinet, séparatif du quartier n. 3, ci . . . . 437 h. 58 a. »

TOTAL . . . . . 1,441 h. 75 a. 78 c.

QUARTIER N. 3.

Un lot, numéroté 6, terrains d'une superficie de 848 hectares 53 ares, chemins et pare-feu compris, dont 684 hectares bois et pins de 26 ans d'âge; 60 hectares semis datant de 1842; 75 hectares semis de 10 ans et

23 hectares semis de 4 ans. Ce lot, dont la superficie est totalement irrigable, tient d'orient pare-feu entre deux à M. Irigoyen, et par une partie
saillante nommée les Crabes à M. Adrien Festugière ; d'occident au chemin
du Teich à Sanguinet séparatif du quartier nᵒ 1, de la plaine du nord à
la Craste–Baneyre, du midi à MM. Nat. Johnston et Irigoyen, pare-feu
entre deux, ci. . . . .   848 h. 53 a.

Résumé. Superficie des immeubles à vendre.

Quartier nᵒ 1.   390 h. 02 a. 75 c.
— nᵒ 2. 1,045   »   »
— nᵒ 3. 3,181   70   44
— nᵒ 4. 1,441   75   78
— nᵒ 5.   848   53   »

Total. . . . .   6,907 h. 01 a. 97 c.

Établissement de propriété

PROPRIÉTÉ AUX MAINS DE LA SOCIÉTÉ VENDERESSE.

Les immeubles ci-dessus désignés appartiennent à la Société d'Arcachon, savoir : les constructions, comme les ayant fait élever depuis la
constitution de la Société, et les terrains comme faisant partie de
5,780 hectares de bois, terres et landes situés sur les communes de la
Teste, du Teich et de Gujan, canton de la Teste de Buch, arrondissement
de Bordeaux, composant la majeure partie de l'apport fait à la Société
d'Arcachon par M. Louis-Eusèbe-Henri Gaullieur Lhardy et Mᵐᵉ Fran-
çoise-Coraly Granier, son épouse, demeurant à Bordeaux, rue Saint-
Fort-Saint–Seurin. aux termes de l'acte constitutif de cette Société, passé
devant Mᵉˢ Fremyn et Thiac, notaires, les 3 et 4 février, publié conformément à la loi, ainsi qu'il résulte de pièces déposées à Mᵉ Fremyn par
acte passé devant lui et Mᵉ Thiac, le 7 mars 1837.

Une expédition de l'acte de Société et une expédition d'un acte passé devant lesdits Mes Fremyn et Thiac, le 3 février 1837, contenant déclaration par M. Gaullieur-Lhardy de l'origine de la propriété des biens par lui apportés en société, ont été transcrites au bureau des hypothèques de Bordeaux, le 12 août 1843, vol. 894, n. 14.

Un certificat délivré par M. le conservateur des hypothèques de Bordeaux, le 28 dudit mois d'août, constate qu'à cette transcription et pendant la quinzaine qui l'a suivie, il s'est trouvé cinq inscriptions.

Les trois premières sont prises d'office un même jour, 15 mars 1843, vol. 251, n. 281, 282 et 283, contre M. Gaullieur-Lhardy au profit de ses vendeurs ci-après nommés, pour sûreté de la somme principale de 29,150 fr., montant approximatif des dettes des successions de M. Jean-Rodolphe Wirtz et Jean-Ulrich Wirtz, que M. Gaullieur-Lhardy a été chargé d'acquitter aux lieu et place de ses cédants ci-après nommés, aux termes des contrats et actes qui vont être énoncés.

La quatrième, du 13 décembre 1834, vol. 166, n. 251, est prise au profit de Marguerite Deysson, sage-femme, veuve de Jean Cazenave cadet, demeurant à Cujan, et de dame Marguerite Cazenave, veuve de Jacques-Gaston Caupos, demeurant au même lieu, contre la succession, les héritiers ou ayants cause de M. Ulrich Wirtz, pour sûreté de 514 fr. 85 c. pour les frais d'un jugement rendu par le tribunal de première instance de Bordeaux, le 9 juillet 1822, et ses accessoires.

Et la cinquième est prise le 18 septembre 1835, vol. 173, n. 143, au profit des mêmes, contre Jean-Ulrich Wirtz, pour la somme de 50,108 fr. 95 c., montant en principal, intérêts et accessoires évalués des condamnations prononcées contre le sieur Wirtz, par jugement du tribunal de première instance de Bordeaux, en date du 22 février 1822.

Les trois premières inscriptions du 15 mars 1843, ont été rayées, savoir :

1° Les inscriptions n. 281 et 282 (l'une au profit de Lanz et autres, l'autre au profit de Wirtz et consorts), le 6 juin 1846, en vertu d'un jugement du tribunal de première instance de Bordeaux, du 5 janvier même année, le tout, ainsi qu'il résulte de deux certificats dudit jour, 6 juin 1846, lesquels sont demeurés annexés à une quittance reçue par

Mᵉ Fremyn, notaire à Paris, le 30 juin suivant; 2° et l'inscription n. 283, prise au profit de Scheurmann, a été radiée, ainsi qu'il résulte d'un certificat délivré le 25 mars 1845, par le conservateur des hypothèques de Bordeaux.

Les quatrième et cinquième inscriptions ont été rayées, ainsi qu'il est constaté par deux certificats délivrés par le conservateur des hypothèques de Bordeaux, du même jour, 3 octobre 1844.

Les gérants de la Société d'Arcachon ont fait remplir de la manière suivante les formalités prescrites par la loi pour purger les immeubles apportés en Société par M. et Mᵐᵉ Gaullieur-Lhardy, des hypothèques légales qui auraient pu les grever.

Copie collationnée de l'acte de Société des 3 et 4 février 1837 précité a été déposé au greffe du Tribunal civil de première instance de l'arrondissement de Bordeaux, le 7 septembre 1843, et un extrait a été affiché dans l'auditoire dudit Tribunal, le tout ainsi qu'il est constaté par un acte dressé au greffe ledit jour, 7 septembre.

Ce dépôt a été notifié à M. le procureur du roi près le Tribunal, par exploit de Robert, huissier à Bordeaux, en date du 13 novembre 1843, enregistré;

Et à Mᵐᵉ Gaullieur-Lhardy, par exploit de Cazalis, huissier à Barzac, en date du 27 octobre 1844, aussi enregistré.

La notification faite à M. le procureur du roi a été rendue publique par l'insertion qui a été faite dans le journal publié à Bordeaux sous le titre de *Courrier de la Gironde*, feuille du samedi 18 novembre 1843.

Pendant l'accomplissement de ces formalités, il n'est survenu aucune inscription d'hypothèque légale, ainsi qu'il est constaté par un certificat délivré par M. le conservateur des hypothèques de Bordeaux, le 29 janvier 1844.

M. et Mᵐᵉ Gaullieur-Lhardy ont reçu, pour prix de leur apport spécial, quatre-vingts actions de la Compagnie d'Arcachon au capital nominal de 5,000 fr. chacune, ainsi qu'il est constaté par la décharge qu'ils en ont donnée, par acte passé en brevet devant Mᵉ Paraire, notaire à Barzac, arrondissement de Bordeaux, le 10 août 1843, dont l'original légalisé est

3

déposé pour minute à M⁰ Fremyn, l'un des notaires soussignés, par acte passé devant lui et son collègue, le 21 août 1843.

Les pièces constatant l'accomplissement des formalités de transcription et de purge légale, dont on vient de rendre compte, ont été déposées pour minute audit M⁰ Fremyn, par acte du 21 avril 1845, enregistré.

II. — EN LA PERSONNE DE M. GAULLIEUR-LHARDY.

M. Gaullieur-Lhardy était propriétaire des biens par lui apportés à la Société d'Arcachon, comme cessionnaire des droits successifs mobiliers et immobiliers en France, des héritiers ci-après nommés de MM. Jean-Rodolphe Wirtz et Jean-Ulrich Wirtz, aux termes des actes qui vont être énoncés.

1° Il a acquis les droits du sieur Jean-Rodolphe Scheurmann, neveu maternel des frères Wirtz, dans les successions réunies et confondues de ces derniers, suivant acte sous seings privés, en date à Bordeaux du 25 avril 1828, et à Saffenwiel, canton d'Argovie, en Suisse, du 5 mai suivant, à la suite d'un des doubles duquel acte sous seings privés est la déclaration dont le teneur suit :

« Le notaire soussigné, greffier du Tribunal du district de Zoffingen, canton d'Argovie, en Suisse, certifie véritable la signature au bout de l'acte auquel la présente est affirmée par mon sceau, du sieur Jean-Rodolphe Scheurmann, syndic de la commune de Saffenwiel, ressortissant de ce district, et lequel a présenté personnellement à ma signature l'acte sous seings privés dont s'agit.

« Donné à Zoffingen, le 30 mai 1828 (signé Muller, notaire public à Zoffingen). »

Ce double, légalisé par les autorités suisses et par l'ambassadeur de France, en Suisse, a été enregistré à Bordeaux, le 23 juillet 1828, f° 49 v°, c⁰ 2, par Lafargue, qui a reçu 2,610 fr. 63, dixièmes compris, et déposé par M. Gaullier-Lhardy à M⁰ Maillières, notaire à Bordeaux, suivant acte passé devant lui et l'un de ses collègues, le 23 dudit mois de juillet.

Cette cession a été faite par M. Scheurmann moyennant la somme de

43,000 fr., sur laquelle M. Gaullieur-Lhardy a payé, aux termes dudit acte qui en contient quittance, la somme de 19,000 fr. Quant aux 24,000 fr. de surplus, il s'en est libéré, ainsi que le constate une quittance passée devant Mᵉ Loste, qui en a la minute en son cabinet, notaire à Bordeaux, le 5 octobre 1841.

Par l'acte sous seings privés sus-énoncé, M. Gaullieur-Lhardy a été chargé de payer la portion dont pouvait être tenu M. Scheurmann, dans les dettes des successions réunies de MM. Jean-Rodolphe Wirtz et Jean-Ulrich Wirtz, pour laquelle portion des dettes évaluée à 17,000 fr. il a été pris inscription au bureau des hypothèques de Bordeaux, le 15 mars 1843, vol. 251, n. 283 (3ᵉ de l'état sur la transcription précipitée),

Cet acte a été transcrit au bureau des hypothèques de Bordeaux, le 15 mars 1843, vol. 281, n. 57.

2° M. Gaullieur-Lhardy a acquis les droits de Mᵐᵉ Salomé-Wirtz, épouse de M. Joachim Wirtz, propriétaire et juge de paix du cercle d'Othmarsingen, canton d'Argovie, demeurant audit Othmarsingen, et de Mᵐᵉ Anne-Marie Wirtz, épouse de M. Jocob Furter, propriétaire, demeurant à Stauffen, canton d'Argovie, par acte sous seings privés, en date à Lensbourg susdit canton d'Argovie, du 31 mai 1828, à la suite d'un des originaux duquel acte est la déclaration dont la teneur suit :

« Moi, notaire public et juré, greffier-substitut du Tribunal de Lens-
« Bourg, chef-lieu du district du même lieu, canton d'Argovie en Suisse,
« certifie et affirme véritables les signatures au pied de l'acte sous seings
« privés ci-dessus, lesquelles ont été apposées en ma présence et par des
« personnes de moi parfaitement connues.

« Ainsi déclaré à Lensbourg, le 31 mai 1828. Signé : Jean-Gaspard
« Oberli de Lensbourg, notaire public. »

Cet original, légalisé par les autorités suisses et par l'ambassadeur de France, en Suisse, a été enregistré à Bordeaux, le 23 juillet 1828, f° 49 v°, cᵉ 8, par Lafargue, qui a reçu 647 fr. 03, 10ᵉˢ compris, et déposé par M. Gaullieur-Lhardy à Mᵉ Maillières, notaire à Bordeaux, suivant acte passé devant lui et l'un de ses collègues, ledit jour, 23 juillet.

Ce transport a été fait moyennant la somme de 6,000 fr. de prix principal qui a été payé comptant, aux termes dudit acte sous seings privés qui

en contient quittance, et en outre à la charge, par M. Guillieur-Lhardy, de payer en l'acquit de ses cédants la portion dont ils pourront être tenus dans les dettes des successions de M. Jean-Rodolphe Wirtz et Jean-Ulrich Wirtz, pour laquelle portion évaluée à la somme de 4,800 fr. il a été pris inscription au bureau des hypothèques de Bordeaux, le 15 mars 1843, vol. 251, n. 282 (2ᵉ de l'état sur transcription précipité, lors de la transcription qui a eu lieu au bureau ledit jour 15 mars, vol. 881, n. 56, de l'acte de transport susdaté).

3° Il a acquis les droits revenant dans les successions desdits sieurs Jean-Rodolphe Wirtz et Jean-Ulrich Wirtz à :

1° Mᵐᵉ Anne-Marie Wirtz, épouse de M. Jacques Lanz, forgeron à Rutchelen, canton de Berne, en Suisse ;

2° M. Frédéric Wirtz ;

3° M. Rodolphe Wirtz ;

4° M. Samuel Wirtz ;

5° Mˡˡᵉ Salomé Wirtz ;

« Tous cinq enfants de M. Samuel Wirtz d'Othmarsingen, décédé, les quatre derniers mineurs, sous la tutelle de M. Jacques Wirtz d'Othmarsingen. »

6° Dame Suzanne Wirtz, Veuve de Jean Marty d'Othmarsingen ;

7° M. Frédéric Furter ;

8° M. Jacques Furter ;

9° M. Joachim Furter ;

10° M. Samuel Furter, mineur, sous la tutelle de M. Daniel Furter ;

11° Demoiselle Anne-Marie Furter, mineure, sous la tutelle de M. Jean Furter :

12° M. Adolphe Furter ;

Tous demeurant à Stauffen, canton d'Argovie.

« Lesdits Frédéric Furter, Jacques Furter, Joachim Furter, Samuel Furter, Anne-Marie Furter et Rodolphe Furter, enfants de dame Véronica Wirtz, décédée, épouse de M. Jacques Furter de Stauffen. »

Suivant acte passé devant Mᵉ Betschingen, notaire public à Lensbourg, le 14 juillet 1828, dans lequel les tuteurs des mineurs ont agi, savoir :

« M. Jacques Wirtz, tuteur des mineurs Frédéric, Rodolphe, Samuel et Salomé Wirtz, avec l'autorisation du conseil municipal de la commune d'Othmarsingen, représenté audit acte par M. Isaac Wirtz, sindic président dudit conseil, Jean Marty et Rodolphe Wirtz, ces deux derniers membres du conseil de ladite commune d'Othmarsinger ; M. Daniel Furter, tuteur de Samuel Furter ; M. Jean Furter, tuteur de Marie-Anne Furter, et M. Samuel Furter, tuteur de Rodolphe Furter, avec l'autorisation du conseil municipal de la commune de Stauffen, représenté à l'acte par MM. Jean Furter, syndic, Jean-Frédéric et Henri Hédiger, membre du conseil municipal. Mme veuve Marty a été assistée et autorisée audit acte par M. Théophile Harler, de la commune d'Othmarsingen, son tuteur ou conseil tutélaire.

L'original de ce transport, légalisé par les autorités suisses et l'ambassadeur de France en Suisse, a été enregistré à Bordeaux le 16 août 1828, f° 81 r°, c^es 3, 4 et 5, par Lafargue, qui a reçu 986 fr. 15 c. le décime compris, et déposé pour minute à Me Maillières, notaire à Bordeaux, suivant acte passé devant lui et l'un de ses collègues, le 5 août 1828.

Ce transport a été fait moyennant la somme de 9,000 fr. dont ledit acte contient quittance, et en outre à la charge par M. Gaullieur-Lhardy de payer la portion dont pouvaient être tenus les cédants dans les dettes des successions desdits sieurs Wirtz, pour laquelle portion évaluée à la somme de 7,290 fr. il a été pris inscription au bureau des hypothèques de Bordeaux, le 15 mars 1843, vol. 251, n° 281 (1re de l'état sur la transcription précitée), lors de la transcription faite audit bureau, vol. 881, n° 51 de l'acte de transport dont s'agit.

Une consultation donnée, le 11 mai 1844, par M. G. Jaeger, avocat à Brugg, et C. Blattner, avocat à Aarau, désignés par M. Frédéric Siedfried, landammann et président du pouvoir exécutif suprême du canton d'Argovie, en Suisse ; l'original de laquelle consultation en langue allemande, portant entre autres législations celle de M. Delamarre, chef de bureau de la chancellerie au ministère des affaires étrangères en France, et la traduction faite par M. Meyer, interprète juré à Paris, le tout enregistré en cette ville, le 6 juin 1844, f° 91 v°, c° 9, par Sauvel, qui a reçu 2 fr. 20 c., ont été déposés au rang des minutes de Me Fremyn, l'un des notaires soussignés, par acte passé devant lui et son collègue le 19 décembre 1844 :

Constate que les ventes faites dans les formes qui ont été employées par les héritiers Wirtz et par des personnes dans des positions identiques aux leurs, sont régulières tant au fond qu'en la forme ;

En conséquence, les adjudicataires ne pourront exiger, à raison des opérations qui viennent d'être analysées, aucune autre justification que celle résultant des pièces susénoncées et de ladite consultation, dont ils se feront délivrer, s'ils le jugent à propos, et à leurs frais, des expéditions ou extraits, ainsi qu'il sera expliqué ci-après, à l'article relatif à la remise des titres.

III. — En la personne des vendeurs de M. Gaullieur-Lhardy.

Les droits des vendeurs de M. Gaullieur-Lhardy, dans les successions de MM. Jean-Rodolphe Wirtz et Jean-Ulrich Wirtz, étaient ceux ci-après déterminés :

M. Jean-Rodolphe Wirtz étant décédé à Bordeaux, le 21 août 1802, et laissant pour héritiers, suivant la loi française du 17 nivôse an II :

Un frère germain, M. Jean-Ulrich Wirtz ;

Une sœur germaine, Mme Scheurmann, née Wirtz ;

Et cinq frères et sœurs consanguins, savoir :

Mme Salomé Wirtz, femme de Joachim Wirtz ;

Mme Suzanne Wirtz, femme de Jean Marty ;

Mme Anne-Marie Wirtz, femme de Jacob Furter,

Le sieur Samuel Wirtz ;

Et Mme Véronica Wirtz, femme de Jean Furter.

M. Jean-Ulrich Wirtz avait droit, pour moitié, à la moitié de la succession dévolue à la ligne maternelle, soit un quart au total ou 7/28

Puis à un septième dans la moitié dévolue à la ligne pater-
nelle, ou à 2/28   9/28

Mme Scheurmann avait les mêmes droits 9/28

Chacun des frères et sœurs consanguins avait droit à un
septième dans la moitié dévolue à la ligne paternelle, ou à   2/28

Au total, soit pour les cinq 10/28

Total égal à l'entier 28/28

M. Jean-Ulrich Wirtz est décédé au Teich, canton de la Teste, près de
Bordeaux, le 25 janvier 1827, laissant pour héritiers :

M. Jean-Rodolphe Scheurmann, son neveu, par représentation de
Mme Scheurmann, née Wirtz, sa mère, sœur germaine dudit sieur Jean-
Ulrich Wirtz;

Mme Salomé Wirtz, femme de Joachim Wirtz;

Mme Suzanne Wirtz, veuve de Jean Marty;

Mme Anne-Marie Wirtz, femme de Jacob Furter, sœurs consanguines.

Les cinq enfants de Samuel Wirtz, son frère consanguin, lesquels
étaient :

Mme Marie Wirtz, femme de Jacques Lanz, Frédéric Wirtz, Rodolphe
Wirtz, Samuel Wirtz et Salomé Wirtz.

Et les six enfants de Véronica Wirtz, sa sœur consanguine, décédée
femme de Jean Furter, lesquels étaient :

Frédéric Furter, Jacques Furter, Joachim Furter, Samuel Furter,
Anne-Marie Furter et Rodolphe Furter.

Chacun des susnommés avait droit à la succession dudit sieur Jean-
Ulrich Wirtz, savoir :

M. Scheurmann, neveu germain, à la moitié dévolue à la ligne maternelle, ou. 6/12

A un sixième dans la moitié dévolue à la ligne paternelle,
ou. 1/12   7/12

Chacune de Mmes Salomé Wirtz, Marty et Jacob Furter,
à un sixième dans la moitié dévolue à la ligne paternelle, ou

A reporter. . .   7/12

		Report. . . .	7/12

chacune à 1/12 du total, soit pour les trois, à. . . . 3/12

Les cinq enfants de Samuel Wirtz, conjointement, à un sixième dans la moitié dévolue à la même ligne, par représentation dudit sieur leur père, ensemble à. 1/12

Chacun d'eux avait donc droit à un cinquième d'un douzième, soit à. 1/60

Les six enfants de Véronica Wirtz, décédée femme de Jean Furter, conjointement au dernier sixième dans la moitié dévolue à la ligne paternelle, par représentation de ladite dame leur mère, ou à. 1/12

Chacun d'eux avait droit à un sixième dans la moitié, soit à un soixante-douzième. 1/72

Total égal a l'entier. 12/12

Mme Scheurmann étant décédée, laissant le sieur Jean-Rodolphe Scheurmann son fils pour son seul héritier, celui-ci a recueilli dans sa succession les trois vingt-huitièmes qui appartenaient à sa mère dans la succession dudit sieur Jean-Rodolphe Wirtz.

Les deux vingt-huitièmes dévolus à Samuel Wirtz dans la même succession ont été recueillis par ses cinq enfants susnommés, les seuls existant à son décès.

Quant aux deux vingt-huitièmes qu'avait recueillis dans la même succession Mme Véronica Wirtz, femme de Jean Furter, ils se sont trouvés dans la succession de ladite dame décédée, laissant pour ses seuls héritiers ses six enfants susnommés.

Par acte sous seings privés fait triple à Bordeaux, le 4 octobre 1827, dont l'un des originaux enregistrés en ladite ville, le 8 mai 1828, folio 63 verso, case 9, par Boyer, qui a reçu 5 fr. 50 c., a été déposé pour minute à Me Maillières, notaire à Bordeaux, par acte passé devant lui et son collègue, le 23 juillet 1828, il a été arrêté, à titre de transaction amiable, entre M. Scheurmann, d'une part ;

Et M. Joachim Wirtz, stipulant en vertu des pouvoirs (sans notification de procuration) à lui donnés par tous les héritiers consanguins de MM. Jean-Rodolphe Wirtz et Jean-Ulrich Wirtz, d'autre part ;

Que les biens dépendant des successions réunies et confondues desdits sieurs Wirtz seront divisés en deux portions inégales ;

Que trois cinquièmes desdits biens seront attribués à la succession de Jean-Rodolphe Wirtz, et les deux cinquièmes de surplus à celle de M. Jean-Ulrich Wirtz ;

Que la part de Jean-Rodolphe Wirtz serait subdivisée en deux portions égales, qui seront appliquées, l'une à l'hérédité de Jean-Ulrich Wirtz et l'autre à Jean-Rodolphe Scheurmann ;

Que l'héritage total de Jean-Ulrich Wirtz se partagerait en deux portions égales, l'une pour Jean-Rodolphe Scheurmann seulement, et l'autre pour la ligne paternelle, soit :

Un sixième pour M. Scheurmann neveu, issu de germain ;

Et les cinq sixièmes restant pour les frères et sœurs consanguins dudit Jean-Ulrich Wirtz, ou leurs représentants ;

Comme on le voit, dans cet acte, on n'a pas respecté les droits héréditaires des parties, puisqu'on a attribué les deux cinquièmes des immeubles dont il s'agit à la succession de Jean-Ulrich Wirtz, quoiqu'ils eussent été achetés par Jean-Rodolphe Wirtz, comme on l'établira ci-après et qu'on n'a pas appelé les frères et sœurs consanguins à la succession dudit Jean-Rodolphe Wirtz.

Cet acte, irrégulier quant aux mineurs, a été validé à leur égard par la ratification tacite ou l'exécution qui en a été faite par les tuteurs de ces mineurs autorisés par le conseil municipal de leurs communes dans les transports des droits successifs, dont on a rendu compte, et par lesquels les parties ont vendu leurs droits dans lesdites successions à M. Gaullieur-Lhardy, tels qu'ils avaient été fixés par la transaction précitée.

IV. — En la personne de M. Jean-Rodolphe Wirtz.

M. Jean-Rodolphe Wirtz était propriétaire des mêmes biens, comme les ayant acquis suivant acte passé devant Mᵉ Guillaume jeune, notaire à

4

Paris, qui en a gardé la minute, et s. c. le 3 août 1702, sous le nom de Joseph-Antoine Jaumard de Savergne, qui lui en a passé déclaration de command, par acte passé devant ledit M⁰ Guillaume jeune, qui en a gardé la minute, et son collègue, ledit jour 3 août 1792, de M. David-Nicolas de Gruyère, moyennant un prix payé comptant, aux termes dudit contrat, qui en contient quittance.

V. — En la personne de M. de Gruyère.

M. de Gruyère les avait recueillis avec autres biens dans la succession de M. Daniel Nezer, son oncle maternel, dont il était seul héritier, ainsi qu'il résulte de l'inventaire fait après le décès de ce dernier par M⁰ Mouret, qui en a gardé la minute, et son collègue, notaires à Paris, le 30 avril 1770 et jours suivants, par suite de la renonciation faite à la succession dudit sieur Nezer, par les cohéritiers de M. Gruyère susnommé dans ladite succession, comme il est constaté par acte passé devant ledit M⁰ Mouret, le 30 août 1770.

VI. — En la personne de M. Nezer.

Par un acte passé devant M⁰ Perrens, qui en a gardé minute, et son collègue, notaires à Bordeaux, le 5 février 1770, M. François-Alain Amanieu de Ruat a vendu à M. Nezer les landes vacantes, terres incultes et en friches qui lui appartenaient sur le territoire de la Teste et du Teich, et autres lieux circonvoisins, d'une contenance totale d'environ 12,770 hectares (40,000 journaux bordelais), moyennant la somme de 77,500 fr., sur quoi il a été payé par le demandeur, contrat qui en contient quittance, la somme de 40,000 fr.; quant aux autres 37,500 fr. de surplus, M. Nezer s'est obligé à en faire le payement à M. de Ruat, à Bordeaux, aux termes qu'il serait libre à l'acquéreur de déterminer, pourvu toutefois que le tout fût payé dans le délai de vingt années, à partir du contrat par lequel ladite somme a été stipulée productive d'intérêts sur le pied de 5 p. 100 par an.

Par le contrat de vente précité, M. de Ruat a restreint son privilége de vendeur à la moitié des biens par lui vendus; l'autre moitié, qui a été déclarée libre, forme la portion desdits biens acquis par M. Jean-Rodolphe Wirtz, de M. de Gruyère, ainsi qu'il résulte:

1° D'un procès-verbal de M. le juge de paix du canton de la Teste en date du 15 octobre 1807;

2° D'une ordonnance du juge audit tribunal de paix, en date du 23 mars 1820, qui prescrit la délimitation réelle et le bornage;

3° D'une sommation du même magistrat, en date du 12 mai 1820, à M. Dupuch-Lapointe, arpenteur à Salles, de procéder à la délimitation;

4° Et enfin d'un procès-verbal d'arpentage et bornage, en date 16 mai 1820 et jours suivants.

Acquisition du domaine de Pujau-Broustut

Suivant acte passé devant M° Soulié, notaire à la Teste, arrondissement de Bordeaux, le 21 septembre 1837, la Compagnie d'Arcachon a acheté de M. Louis Coundou, surnommé *Goubern*, propriétaire, demeurant dans la commune de Biscarosse, département des Landes, le domaine situé au lieu dit *Pujeau-Broustut*, dans les landes sises dans le territoire de la commune de la Teste, et enclavé dans les terrains appartenant à la Compagnie.

Cette acquisition a eu lieu moyennant 10,700 fr. de prix principal, en déduction desquels 700 fr. ont été payés comptant aux termes du contrat qui en contient quittance.

Sur les 10,000 fr. restant dus, il a été convenu que 7,000 fr. resteraient aux mains de la Compagnie pour servir une rente de 350 fr. due par le vendeur au sieur Peychan.

Quant aux 3,000 fr. formant le complément du prix, ils ont été payés par la Compagnie au sieur Coundou, suivant quittance reçue par M° Soulié, notaire à la Teste, du 16 mai 1838.

Le contrat d'acquisition sus-énoncé a été transcrit au bureau des hypothèques de Bordeaux, le 30 septembre 1837, vol. 723, n° 29.

A cette transcription, et pendant la quinzaine qui l'a suivie, il n'est survenu, outre l'inscription prise d'office à la transcription, le 30 septembre 1837, vol. 192, n° 306, et qui ne subsiste plus que pour les 7,900 fr., capital de la rente de 350 fr. due au sieur Peychan, que trois inscriptions, toutes prises contre Peychan fils aîné, demeurant en la commune de la Teste. La première, le 26 mai 1829, vol. 127, n° 555, au profit de M. Pierre Dejean, demeurant à la Teste, pour sûreté de 2,725 fr.

La deuxième, le 25 novembre 1830, vol. 136, n° 286, au profit de Jacques-Étienne-Jean Havet, pour sûreté de 5,000 fr.

Et la troisième, le 24 décembre 1831, vol. 144, n° 129, au profit de la veuve et des héritiers d'Antoine Cerstaignède, pour sûreté de 14,000 fr.

Mais il a été déclaré, en la quittance du 16 mai 1838 sus-énoncée, que ces trois inscriptions n'avaient nullement rapport à la propriété de Pujeau-Broustut, qui n'a jamais appartenu au sieur Pierre Peychan fils aîné, dénommé dans lesdites inscriptions.

Les formalités nécessaires pour la purge des hypothèques légales ont aussi été remplies sur cette acquisition de la manière suivante : copie collationnée du contrat a été déposée au greffe du Tribunal de première instance de Bordeaux, le 29 septembre 1837, et, le même jour, extrait du même contrat a été affiché dans l'auditoire du Tribunal, ainsi que le constate un acte dressé au greffe, ledit jour 29 septembre.

Notification de cet acte de dépôt a été faite :

1° A M. le procureur du roi près le Tribunal de première instance de Bordeaux, par exploit de Miranni, huissier à Bordeaux, du 17 octobre 1837 ;

2° A Mme Jeanne Dubourg, épouse de M. Louis Coundou, surnommé *Goubern*, vendeur, suivant exploit de Marsens, huissier à Mont-de-Marsan. du 21 octobre 1837 ;

3° Et au sieur Pierre-Auguste Peychan, demeurant commune de la Teste, par exploit de Dubos, huissier à la Teste, du 21 octobre 1837.

Insertion de la notification à M. le procureur du roi a été faite dans le journal *la Guienne*, feuille du 20 octobre 1837, ainsi que le constate un numéro de ce journal signé de l'imprimeur, légalisé par l'un des adjoints au maire de Bordeaux, et portant cette mention : Enregistré a Paris, le

28 janvier 1843, folio 41 verso, case 3, reçu 1 fr. 10 c., dixième compris ; signé Leverdier.

L'extrait du contrat, placé dans l'auditoire du Tribunal, y est demeuré exposé depuis le 29 septembre 1837, jour du dépôt au greffe, jusqu'au 11 janvier 1838, ainsi que le constate un certificat délivré par le greffier du tribunal de Bordeaux à cette dernière date.

Enfin, pendant l'accomplissement de ces formalités, il n'est pas survenu d'inscriptions d'hypothèques légales, ainsi que le constate un certificat délivré par le conservateur des hypothèques de Bordeaux, le 23 janvier 1838.

M. Coundou était propriétaire du domaine de Pujeau-Broustut, comme l'ayant acquis de M. Pierre-Auguste Peychan, propriétaire à la Teste, le 20 janvier 1829, par contrat passé en présence de témoins devant Me Soulié, notaire à la Teste.

Cette vente a été faite moyennant 350 fr. de rente au capital de 7,000 fr.

Cette rente est celle dont la Compagnie d'Arcachon a été chargée par son contrat d'acquisition.

M. Auguste Peychan était propriétaire de ce domaine, comme l'ayant recueilli dans la succession de M. Pierre Peychan aîné, son père, et au moyen de l'attribution qui lui en avait été faite par le partage des biens de cette succession fait entre ledit sieur Auguste Peychan, M. Pierre Peychan, son frère aîné, Mme Marie Peychan, veuve Lavialle, sa sœur, demeurant à la Teste, et M. Baptiste Marichon, notaire à Mios, son neveu, par acte sous seing privé, passé le 11 mai 1828, dont l'un des originaux porte la mention suivante : Enregistré à la Teste, le 4 décembre 1837, folio 69 recto, case première et suivantes, reçu 370 fr. 15 cent., d'après la liquidation ci-contre; signé Peychan.

M. Peychan père en était propriétaire comme l'ayant acquis de Mme Marie-Marguerite-Baptiste Tahart, décédée veuve de M. Nicolas Tahart, le 23 germinal an III, par acte passé devant Me Marichon, notaire à la Teste.

Dissolution de la Compagnie agricole et industrielle d'Arcachon

Par sentence arbitrale rendue le 21 décembre 1846, déposée au greffe du Tribunal de commerce le même jour, et rendue exécutoire par ordonnance de M. le président dudit Tribunal, en date du 22 décembre, le tout enregistré, la Société dite Compagnie agricole et industrielle d'Arcachon, constituée suivant acte reçu Fremyn et Thiac, notaires à Paris, les 3 et 4 février 1837, a été déclarée dissoute.

La même sentence nommait liquidateurs MM. Pierre-Euryale Cazeaux et Constant Broutta, avec pouvoir de faire procéder à la vente de tout ou partie des immeubles dont la Compagnie était propriétaire par voie d'adjudication judiciaire, en l'audience des Tribunaux de Paris ou de Bordeaux, en un seul ou plusieurs lots, avec ou sans indivision, soit entre les acquéreurs eux-mêmes, soit entre les acquéreurs et la liquidation. Cette sentence a été publiée conformément à la loi, savoir : le 5 janvier 1847, extrait de la sentence a été déposé et affiché au greffe du Tribunal de commerce de Paris.

Pareil extrait a été inséré dans un numéro de la *Gazette des Tribunaux* les 4 et 5 janvier 1847, et dans le numéro du journal le *Droit* en date des mêmes jours, et encore dans la feuille du *Journal d'affiches* du 5 janvier 1847.

Toutes lesquelles pièces justificatives de l'accomplissement des formalités de publication ont été déposées par MM. Cazeaux et Broutta, liquidateurs, au rang des minutes de M⁰ Fremyn, notaire à Paris, le 8 avril 1847, suivant qu'il résulte d'un acte de dépôt, dressé ledit jour, par M⁰ Fremyn et son collègue, enregistré le 10 avril 1847.

Le 22 décembre 1847, les liquidateurs, en vertu de leurs pouvoirs, ont mis en vente, aux criées du Tribunal de première instance de la Seine, les terrains suivants, offrant une contenance superficielle de 5,594 hectares 22 ares 72 centiares et dépendant de la plaine de Cazau, savoir :

1° 1 035 hectares 96 ares 80 centiares composant le quartier n. 1, dit de la Colonisation, non compris les réserves faites par la liquidation ;

2° 4,558 hectares 25 ares 92 centiares de terres indivises, à prendre dans les terrains des quatre quartiers n. 2, 3, 4 et 5 (distraction faite de neuf portions de terre réservées), avoir : 517 hectares 98 ares 40 centiares dans le quartier n. 2; 1,709 hectares 32 ares 72 centiares dans le quartier n. 3; 1,553 hectares 95 ares 20 centiares dans le quartier n° 4; 776 hectares 97 ares 60 centiares dans le quartier n. 5.

Les 4,558 hectares 25 ares 92 centiares étaient indivis avec le surplus des terres des quartiers n. 2, 3, 4 et 5, dont la liquidation restait propriétaire.

Les terrains du quartier n. 1 ont été divisés en 119 lots. La contenance de chacun d'eux a été indiquée au cahier des charges.

Quant aux terrains indivis des autres quartiers, le droit à leur propriété a été fixé par chaque hectare des lots du quartier n. 1, à 50 ares à prendre dans le quartier n. 2, à 1 hect. 65 ares à prendre dans le quartier n. 3, à 1 hectare 50 ares à prendre dans le quartier n. 4, et à 75 ares à prendre dans le quartier n. 5, de telle sorte que l'ensemble des terrains a été divisé en 119 lots, comprenant chacun une portion divise des terrains du quartier n. 1, déterminée au cahier des charges, et une portion indivise des terrains des quartiers n. 2, 3, 4 et 5, déterminée comme il vient d'être dit.

Les 119 lots ainsi composés ont été adjugés le 22 décembre 1847, savoir : les 1er et 2e lots à M. le comte de Saint-Mauris, les 3e, 6e, 7e et 8e lots à M. Jean-Adrien Festugière et à M. Jean-Noël Festugière, le 5e lot à M. de Boissy, les 9e et 10e lots à M. le comte Charles Delaforest-Divonne, le 4e lot à M. Espivent de la Ville-Boisnet, les 11e, 12e et moitié du 13e lot à M. Louis-Jean-Baptiste Peyrol; l'autre moitié du 13e lot à M. Fontanie, le 14e lot à M. de Puységur, les 15e, 16e, 19e et 20e lots à M. le comte de Blacas-Carros, le 17e lot à M. Anne-Gaston-Marie-Christian prince de Montmorency, le quart du 18e lot à M. Auguste-Marie-Victor vicomte de Chastenet de Puységur, les trois autres quarts du 18e lot à M. le comte Auguste de Chastenet de Puységur, la moitié du 21e lot à M. le marquis Coriolis d'Espinouse, l'autre moitié du 21e lot à M. le marquis d'Estampes, les 22e et 23e lots à M. le duc de Lorge, les 24e, 25e, 26e, 27e, 28e, 39e, 40e, 41e, 42e, 43e, 44e, 45e, 46e, 47e, 68e, 69e, 70e et 71e lots à

M. John Duncan, les 29°, 30°, 31°, 32° et 33° lots à M. le vicomte d'Yzarn-
Freissinet, le 34° lot à M. le comte de Berthier, le 35° lot à Mme la comtesse de Lespinay, le 36° lot à M. François aîné, le 37° lot à M. Féline,
les 38°, 56°, 94° et 106° lots à M. Vissocq, les 48°, 49°, 50° et 51° lots à
M. Falcou, les 52°, 89°, 90°, 91° lots, moitié des 73° et 107° lots à Mme Cazeaux, les 53° et 57° lots à M. Cottier, les 54° et 55° lots à M. Marcuard,
les 58° et 59° lots à M. André, le 60° lot à M. Duveyrier, le 61° lot à
M. Jourdan, les 62° et 63° lots à M. Guéroult, les 64°, 65°, 66° et 67° lots
à M. Sagey, le 72° lot à M. de Wys, la moitié du 73° lot à M. Leroy, le 74°
lot à M. Delye, le 75° lot à M. Choisnard, le 76° lot à M. Roubo, le 77° lot
à M. de Pinteville-Cernon, le 78° lot à M. Gris, les 79°, 80° et 81° lots à
M. Fizeau, les 82° et 83° lots à M. Achille-Félix-Etienne Broutta, les 84°
et 85° lots à M. Féry, les 86° et 87° lots à M. Charles, marquis de Dion, le
88° lot à M. Félix Broutta, les 92° et 93° lots à M. Bayvet, la moitié du
95° lot à M. Delaboire, l'autre moitié à M. de Colonia, le 96° lot à M. Boué
de la Grange, les 97° et 98° lots à M. Théodore Cottreau, le 99° lot à
M. Laurent Cottreau, la moitié du 100° lot à M. Ossian Verdeau, l'autre
moitié à M. Héricart de Thury, le 101° lot à Mme Boué de Verdier, le 102°
lot à M. le baron de Chabannes, le 103° lot à M. Durand, le 104° lot à
M. Mestrezat, le 105° lot à M. Hovy, le quart du 107° lot à M. Gabriel-
Charles Veyret, un autre quart du 107° lot à M. Courtet de Lisle, le 108°
lot à M^de veuve de Blacas-Carros, le 109° lot à M. de Sinety, le 110° lot à
M. de Clappier, le 111° lot à M. Johnston, les 112° et 113° lots à M. Fabas
de Mautort, le 115° lot à M. le vicomte Alphonse de Blacas-Carros,
le 114° lot à M. le baron de Blacas-Carros, le 116° lot à M. Mareschal, le
117° lot à MM. Jean William, Raimond-Justin et Jean-Charles Foussat,
les 118° et 119° lots à M. Brothier.

M. le comte Charles de Laforest-Divonne, adjudicataire des 9° et 10° lots,
est décédé laissant pour habile à se dire et porter légataire universel
M. Anne-Pierre-Charles-Timoléon-Laurent marquis de Villedeuil, et pour
légataire Mlle Louise Delaforest-Divonne. M. le marquis de Villedeuil est
décédé lui-même laissant pour habile à se dire et porter légataire universelle Mme Marie-Angèle-Charlotte-Laurence de Villedeuil, épouse de M. le
marquis de Vésins.

M. Louis-Jean-Baptiste Peyrol, adjudicataire des 11°, 12°, et moitié du 13° lot, est décédé laissant pour habiles à se dire et porter héritiers : M. Joseph-Dominique Peyrol, M. Antoine Peyrol, M. Xavier-Nicolas-Casimir Peyrol, Mme Baptistine-Elisabeth-Joséphine Giraud, épouse de M. Jean-Baptiste-Eucher Escoffier, M. Magloire-Séverin Giraud.

Mme la comtesse de Lespinay, adjudicataire du 35° lot, est décédé laissant pour habile à se dire et porter héritière Mme Marie-Laurence comtesse de Gimel.

M. le comte de Blacas-Carros, adjudicataire des 15°, 16°, 19° et 20° lots, est décédé laissant pour habile à se porter son héritière Mme Louise de Blacas-Carros, épouse de M. le comte Auguste Chastenet de Puységur ; mais elle a renoncé à ladite succession, qui est aujourd'hui représentée par M. Vallier, curateur.

M. le prince de Montmorency, adjudicataire du 17° lot, est décédé laissant pour habiles à se dire et porter ses héritiers : Mme Anne-Sidonie-Joséphine-Marie de Montmorency, épouse de M. le comte de La Châtre, Mme Adèle de Montmorency, épouse de M. le duc de Cossé-Brissac, Mme Anne-Élie-Marie-Amélie de Montmorency, épouse de M. le marquis de Biencourt.

M. Veyret, adjudicataire du 107° lot, est décédé laissant pour habiles à lui succéder ses deux enfants mineurs, Paul-Alexis et Gabrielle-Marie Veyret, sous la tutelle de Mme Anne-Dorothée-Joséphine Kreisler, sa veuve.

M. le marquis de Dion, adjudicataire des 86° et 87° lots, est décédé laissant sa veuve commune en biens et six héritiers ; mais par acte du palais du 20 juin 1856, enregistré, Me Lacroix, avoué de Mme Stéphanie-Louise Dubois, veuve de M. le marquis de Dion, a déclaré reprendre l'instance au nom de sa cliente, cette dernière comme s'étant rendue adjudicataire, suivant jugement de l'audience des criées du Tribunal civil de la Seine, du 31 mai 1857, des droits desdites communautés et succession dans la liquidation d'Arcachon.

Suivant autre jugement de l'audience des saisies immobilières dudit Tribunal, en date du 7 juin 1855, enregistré, les propriétaires des 72°, 96°, 118° et 119° lots n'ayant pas satisfait aux conditions de leur adjudication, ont été expropriés au profit de la société d'Arcachon.

5

Enfin, suivant jugement de l'audience des saisies immobilières dudit Tribunal du 26 novembre 1857, enregistré, ont été expropriés par voie de folle-enchère les propriétaires des 24ᵉ, 25ᵉ, 26ᵉ, 27ᵉ, 28ᵉ, 39ᵉ, 40ᵉ, 41ᵉ, 42ᵉ, 43ᵉ, 44ᵉ, 45ᵉ, 47ᵉ, 68ᵉ, 69ᵉ, 70ᵉ, 71ᵉ lots, des 11ᵉ, 12ᵉ et moitié du 13ᵉ lots, de l'autre moitié du 13ᵉ lot, du 36ᵉ lot, du 114ᵉ lot, du 116ᵉ lot, du quart du 107ᵉ lot, de la moitié du 107ᵉ lot, du dernier quart du 107ᵉ lot, des 31ᵉ, 32ᵉ et 33ᵉ lots, des 64ᵉ, 65ᵉ, 66ᵉ et 67ᵉ lots. Ces immeubles ont été remis en vente ledit jour et criés en dix lots ; ils sont redevenus la propriété de la liquidation d'Arcachon, au moyen de l'adjudication prononcée à son profit, ledit jour.

Les terrains des quartiers nᵒ 1 qui font l'objet de la présente vente ne comprennent que des terrains divis réservés lors de la première vente, des terrains échangés ou des terrains rentrés à la liquidation par suite de folle-enchère ; la liquidation en est seule propriétaire.

Les copropriétaires indivis ou leurs ayants cause ont, au contraire, des droits indivis entre eux et la liquidation à la propriété des terrains des quartiers n. 2, 3, 4 et 5.

Sur les 1,045 hectares composant le quartier n. 2 et qui sont à vendre, 45 hectares ayant été spécialement réservés lors de la première vente, savoir : 36 hectares à l'extrémité nord du quartier et 9 hectares à l'extrémité sud, les copropriétaires indivis ont à prendre 517 hectares 98 ares 40 centiares dans les 1,000 hectares restant ; le surplus est la propriété de la liquidation d'Arcachon.

Sur les 3,181 hectares 70 ares 44 centiares du quartier n. 3 mis en vente, 348 hectares 98 ares 64 centiares ont été réservés sur trois points : 75 hectares à l'angle nord du quartier, contre le canal d'irrigation n. 1 et le canal dit de prise d'eau ; 94 hectares 6 ares 4 centiares attenant du midi au nord au canal des Landes, et d'est en partie au territoire du village de Cazau, et 179 hectares 92 ares 60 centiares, tenant d'occident au territoire du village de Cazau et du nord à l'étang du même nom. Les copropriétaires indivis ont à prendre 1,709 hectares 54 ares 72 centiares dans le surplus, soit 2,832 hectares 71 ares.

La superficie totale du quartier n. 4, d'après le cahier des charges du 22 décembre 1847, est de 3,246 hectares 20 centiares ; il a été réservé

221 hectares 58 ares 22 centiares à l'extrémité midi du quartier, et 242 hectares 41 ares 78 centiares à l'extrémité nord-ouest contre le quartier n. 5 et le chemin du Teich à Sanguinet. C'est sur les 2,782 hectares 20 ares restant que l'indivision a été établie. Les copropriétaires indivis ont à prendre 1,553 hectares 95 ares 20 centiares, moins les portions de terrains indivis qui ont été aliénées en même temps que partie des terrains réservés, au profit de MM. Pereire et Johnston, ainsi qu'il résulte d'un jugement du 21 juin 1855, de l'audience des saisies immobilières du tribunal de Bordeaux, et d'un jugement de l'audience des criées du tribunal civil de la Seine du 1er décembre 1855. Les 1,441 hectares 75 ares 78 centiares mis en vente comprennent 120 hectares 41 ares 78 centiares terrains réservés, et 1,321 hectares 34 ares terrains indivis.

La superficie du quartier n° 5 est de 1,517 hectares, composés de 117 hectares réservés au point dit les Crambes, à l'extrémité est et nord du quartier, et 1,400 hectares de terrains indivis. Les copropriétaires indivis ont à prendre dans ce quartier 776 hectares 97 ares 60 centiares, moins les droits aliénés, ainsi qu'il a été ci-dessus expliqué par les juments susdatés. Les 848 hectares 53 ares mis en vente dans ce quartier se composent de 731 hectares 53 ares terrains indivis, et 117 hectares terrains réservés.

Servitudes

1. — DROITS ET SERVITUDES RÉSULTANT DU CONTRAT PASSÉ DEVANT Mᵉ PERRENS, NOTAIRE A BORDEAUX, LE 5 FÉVRIER 1766.

Par le fait de l'adjudication, les adjudicataires sont subrogés à leurs risques et périls et sans recours contre la Compagnie, dans les droits et servitudes actifs et passifs de la Société d'Arcachon, résultant d'un contrat passé devant Mᵉ Perrens, qui en a gardé la minute, et son collègue, notaires à Bordeaux, le 5 février 1766, dont les art. 11 et 12 sont ainsi conçus :

ART. 11. — « Les landes dépendant du captalat de Buch, ou terre de

« la Teste, composée des paroisses de la Teste, de Gujan et de Cazau,
« sont concédées audit sieur de Nezer, ses associés ou leur ayants cause,
« avec le droit et la faculté à eux de les défricher et convertir en nature
« de terres labourables, vignes, prairies, bâtiments, parcs et autres
« objets de cette nature, sans pouvoir cependant ensemencer aucune es-
« pèce de bois, attendu que les habitants de ces trois paroisses doivent
« avoir l'usage desdites landes pour leur pacage, tout autant qu'elles ne
« seront pas défrichées et mises en valeur de la manière qui vient d'être
« expliquée ; bien entendu que lesdites terres, mises qu'elles soient en
« culture, il sera loisible audit sieur de Nezer, ses associés ou ayants
« cause, d'élever des arbres pour l'ornement des maisons qu'ils auront
« bâties, et pour leur fournir des fruits, ainsi que sur les bords des fos-
« sés desdites terres mises en culture et à raison de ce qui est dit ci-des-
« sus, etc. » (Charges féodales.)

ART. 12 — « Ledit sieur de Nezer, ses associés ou ayants cause, joui-
« ront du même privilége que les habitants desdites trois paroisses de la
« Teste, de Gujan et Cazau, pour l'usage des bois, forêts, bréaux et bor-
« nèdes dudit captalat de Buch, et, en leur dite qualité d'habitants, eux
« et leurs représentants auront la faculté de prendre et couper généra-
« lement tous les bois dont ils pourront avoir besoin pour quelque usage
« ou travail que ce puisse être, à la charge de se conformer, pour la per-
« mission de couper, aux transactions et règlements faits entre le
« seigneur et ses habitants, sauf de certaines espèces de bois qui n'en
« exigent pas, comme le chêne (hors des lieux mis en réserve pour un
« certain nombre d'années), la vergne, bois blanc pour faire des cercles
« de cuves, ainsi que le tout est plus amplement expliqué par lesdites
« transactions et règlements, demeurant prohibé audit sieur Nezer et à ses
« représentants de transporter aucun desdits bois, de quelque espèce qu'ils
« soient, et sous aucun prétexte, hors de la juridiction, et par conséquent
« sur les landes de la paroisse de Teich, comme les habitants n'ayant
« aucun droit ni usage desdites forêts, bréaus en bernèdes. Ledit sieur
« de Nezer, ses associés et représentants, exécutant les conditions portées
« auxdites transactions à eux présentement remises par extrait, ledit
« sieur de Ruat promet et s'oblige de garantir lesdites forêts, bréans en

« bernèdes, ainsi qu'il est expliqué dans le présent article, à peine de
« tous dépens, dommages-intérêts; au surplus, jouira ledit sieur de
« Nezer, ses associés ou représentants, comme les autres habitants de
« ladite paroisse de Teich, de l'usage des communaux qui leur sont
« propres, et situés dans la terre de Certes, et par ledit sieur de Nezer,
« ses associés ou leurs ayants cause, payant la portion de rente due à
ɾ raison de ce, laquelle n'est au total que de 3 livres divisibles entre tous
« les habitants tenant feu vif; leur sera néanmoins libre, s'ils le jugent
« à propos, de transporter sur lesdites landes du Teich tous les bois que
« peut contenir la pièce de pins de la Ruade, située paroisse de Gujan, à
« eux ci-dessus vendue et concédée quant à la faculté de disposer desdits
« bois, seulement comme les bois qui viennent sur la plaine et hors
« des forêts et montagnes n'étant pas compris dans la prohibition de
« l'exploitation hors de la juridiction. »

II. — CONDITIONS RELATIVES A L'IRRIGATION ET AU DESSÉCHEMENT DES TERRAINS MIS EN VENTE.

En vertu d'une ordonnance royale du 3 juillet 1838, la Société d'Arcachon a été autorisée à établir, sur le bief supérieur de la branche septentrionale du canal d'Arcachon (canal des Landes prenant les eaux dans l'étang ou lac de Cazau, en les conduisant au bassin d'Arcachon), une prise d'eau pour l'irrigation des propriétés qu'elle possédait dans la plaine de Cazau, et pour le roulement des usines qu'elle avait l'intention de construire dans la même propriété.

Une décision ministérielle du 3 octobre 1840 a interprété ou plutôt expliqué ladite ordonnance, et a déclaré que le volume d'eau pouvait être divisé en deux prises, disposées de chaque côté du canal.

Les liquidateurs exposent ce qui suit pour l'intelligence des clauses du cahier des charges, et pour faire comprendre le système d'irrigation en cours d'exécution et à réaliser sur la totalité des terrains arrosables.

Les terrains appartenant à la Société d'Arcachon, à l'est du canal, sont traversés de l'ouest à l'est par des canaux principaux terminés ou à ter-

miner (sans préjudice de ceux qui pourront être encore ouverts sur lesdites propriétés, si besoin est); ils sont longés au nord par des chemins.

Le plus grand des principaux canaux d'irrigation est d'une largeur de
35 mètres, digues et chemins compris.

Chacun des autres canaux est d'une largeur de 30 mètres, digues
et chemins compris. Desservis par le canal dit des Usines, ces canaux
sont notamment destinés à alimenter des rigoles principales, tracées en
général à 450 mètres les unes des autres, perpendiculairement aux
canaux; leur largeur entre deux canaux est de 1,000 mètres environ.

Entre deux rigoles, il court un chemin de service qui leur est parallèle,
bordé de fossés de desséchement.

Ces fossés sont principalement destinés à recevoir les eaux surabon-
dantes d'arrosage, et à les écouler dans le canal inférieur.

Sur les rigoles principales sont établies, de 200 mètres en 200 mètres
environ, des buses avec vannage, lesquelles buses peuvent former un
pont pour le passage des charrettes.

Tous ces travaux sont, ou exécutés en partie, ou tracés sur le terrain
et à compléter.

Par suite du niveau relatif entre la surface des terrains du quartier
n. 1 de la Colonisation, et la surface des eaux dans les canaux principaux
du côté du nord, il se trouve, le long et au-dessous de chacun des quatre
grands canaux d'irrigation, une bande qui ne peut recevoir les eaux
qu'au-dessous ou à fleur du sol; la largeur de cette bande, le long du
canal n. 1, est de 200 mètres; celle le long des canaux n°s 2, 3 et 4 n'est
que de 125 mètres; tous les autres terrains du quartier n. 1 sont submer-
sibles à volonté.

Pour assurer le complet desséchement des terrains supérieurs de la
plaine de Cazau, la liquidation pourra, indépendamment des rigoles
créées pour l'irrigation, faire ouvrir de grands fossés ou canaux spéciaux;
1° le long du chemin qui sépare les terrains de Guian et du Teich; 2° le
long du chemin dit de la Ruade, qui conduit à Taurès; 3° et le long du
chemin dit de Meyran, qui va à Pujeau-Broustut.

Ceci exposé :

Les liquidateurs audit nom déclarent concéder, aux adjudicataires des biens du quartier n. 1 mis en vente, une portion ci-après déterminée des eaux qui appartiennent à la Société d'Arcachon, pour, par eux, en jouir seulement pendant la saison d'arrosage, c'est-à-dire depuis le 15 mars jusqu'au 15 octobre de chaque année, et en faire usage sur leurs terres et biens personnels acquis de la Société, sans pouvoir ni céder les eaux, ni les vendre, ou employer en faveur d'autres propriétés. Et ce, sous les clauses et conditions ci-après.

Pour fixer la portion d'eau à concéder, il y a lieu d'abord de distraire de la masse des eaux, résultant de la concession royale, un mètre cube d'eau par seconde, que la Société d'Arcachon doit restituer à la Compagnie du canal des Landes, par le canal des Usines.

La portion qui sera attribuée aux adjudicataires sera calculée, en supposant toujours les eaux du lac de Cazau à 35 centimètres au-dessous du niveau fixé pour les étangs de Cazau, de Parentis et de Biscarosse, par l'article 1ᵉʳ de l'ordonnance royale du 27 novembre 1840, lequel niveau est fixé à 7 mètres 82 centimètres au-dessous du seuil de l'église de Cazau ; les adjudicataires n'auront droit, dans aucun cas, à une portion plus forte ; quelle que soit la hauteur des eaux de l'étang.

Mais si l'administration, ainsi qu'elle s'en est réservé le droit, fermait momentanément la prise d'eau pour les besoins de la navigation, les adjudicataires seraient obligés d'en subir la privation pendant tout le temps de la fermeture de la prise, sans qu'il puisse y avoir lieu, de leur part, à aucune réclamation ni recours.

Sous le mérite de ces observations, la portion d'eau qui est accordée aux adjudicataires est fixée par chaque hectare de terrains du quartier n° 1, comme pour les terres vendues précédemment par la Société d'Arcachon, à un neuf millième de la masse des eaux résultant de la prise concédée par l'ordonnance royale du 3 juillet 1835.

Toutefois les adjudicataires qui désireront avoir une quantité d'eau plus considérable que celle ci-dessus déterminée, auront la faculté de pouvoir doubler ladite quantité d'eau en prévenant la liquidation, par une simple mise en demeure dans le courant d'une année, à partir du jour de l'adjudication ; ils auront droit alors à un second neuf-millième de la masse des eaux concédée par l'ordonnance royale précitée.

A défaut, par les adjudicataires, d'avoir usé de ladite faculté dans le courant de l'année ci-dessus fixée, ils seront déchus du droit de doublement d'eau, résultant de la clause qui précède. Présentement et tant que la concession d'eau faite à la Société d'Arcachon par l'État sera maintenue dans les limites et termes actuels, le produit continu d'après les bases ci-dessus établies et calculées suivant les formules en usage dans l'administration des ponts et chaussées, sera pour chaque hectare du quartier n° 1, de 36 cent-millièmes de mètre cube par seconde, ou 31^m cubes et 1/10 de mètre cube par jour, quantité équivalant à un neuf-millième du débit disponible de la prise d'eau générale, l'étang de Cazau étant admis à la hauteur ci-dessus fixée, sauf pour le mode de jouissance des eaux, à se conformer au règlement dont il sera ci-après parlé.

« Il est bien entendu que le droit cédé ci-dessus aux adjudicataires est
« et demeure subordonné à l'existence et au maintien de la concession
« faite le 3 juillet 1838 par l'État, sans que, dans aucun cas, nul recours
« en garantie ou indemnité puisse être exercé par les adjudicataires,
« contre la liquidation de la Société d'Arcachon, pour changement, diminution ou suppression de la concession royale. »

L'adjudicataire du lot contigu au canal d'irrigation pour lequel aura lieu la distribution des eaux, recevra ses eaux par une prise spéciale établie en tête de la rigole principale qui s'embranche sur ledit canal d'irrigation.

Les adjudicataires des lots au-dessous de celui-ci, et traversés par la même rigole, recevront successivement les eaux par les buses établies sur cette rigole.

Le règlement des eaux dont il sera ci-après parlé, déterminera les heures respectives auxquelles les différentes buses d'une même rigole seront fermées

Il est bien entendu que les propriétaires desdits terrains arrosés supporteront respectivement toutes les servitudes d'usage ou déterminées par le syndicat de la plaine de Cazau, établi ainsi qu'il sera dit ci-après,

Les buses actuellement existantes serviront provisoirement de prises d'eau.

Le syndicat sera libre, à quelque époque que ce soit, d'établir aux bouches d'eau en tête de chaque prise des modules ou constructions, selon les règles de l'art, afin de régler le débit desdites bouches d'eau, selon les termes de la concession p rtielle des lots mis en vente.

Il est formellement stipulé que le syndicat est autorisé, toutes les fois qu'il le jugera convenable, à faire passer par les bouches d'eau des lots mis en vente et par les rigoles correspondantes pour les porter sur d'autres terrains, soit un volume d'eau plus grand que celui de la concession faite à chaque adjudicataire, durant la période du temps consacré à l'arrosage dudit lot, soit un volume d'eau quelconque durant le non-arrosage, sauf à faire faire le service des vannes.

Si, pour le desséchement général le syndicat juge nécessaire d'agrandir en largeur et en profondeur une ou plusieurs des rigoles principales éxistantes sur chacun des lots mis en vente, les rigoles élargies ne pourraient dépasser 6 mètres en gueule au niveau naturel du sol.

Les terrains nécessaires à cet élargissement seront pris au choix du syndicat indistinctement sur l'une ou l'autre rive de la rigole, à charge de tenir compte, à l'adjudicataire dépossédé, du prix fixé à dire d'experts, de la portion de terrains dont il sera privé, laquelle portion ne pourra excéder en largeur 1 mètre et demi.

Les adjudicataires seront tenus, chacun en ce qui le concerne, de conserver les rigoles correspondantes aux bouches d'eau dans leur direction actuelle et en bon état, ils ne pourront y faire aucun changement sans l'autorisation du syndicat.

Le syndicat aura le droit d'élargir les canaux principaux. En conséquence, lorsqu'il usera de cette faculté, les adjudicataires seront obligés, chacun en ce qui le concernera, de lui céder, à dire d'experts, les terrains nécessaires, sur une bande qui ne pourra dépasser six mètres de largeur, qui devront être pris moitié d'un côté et moitié de l'autre.

La liquidation reste propriétaire, sous l'empire des obligations qu'elle aura pu contracter, des canaux principaux d'irrigation, des écluses, ber-

6

ges, francs-bords, ponts, cassis et autres travaux d'art qui dépendent des canaux.

Chacun des adjudicataires sera propriétaire mitoyen des chemins de service qui courent parallèlement entre deux rigoles au-devant de son lot ; il sera propriétaire du fossé bordant ces chemins de son côté. Il sera également propriétaire des rigoles principales et secondaires qui se trouvent dans son lot, ainsi que des buses, vannes et écluses existantes sur ces rigoles, et le syndicat n'aura pas à s'occuper de leur entretien, qui reste à la charge des adjudicataires, sans que jamais l'exercice par ces derniers puisse gêner l'usage des eaux qui devront passer aux terrains inférieurs.

Ces chemins de service, fossés et rigoles ne pourront être supprimés.

La liquidation se réserve également la propriété :

1° Des chemins de service qui longent, du côté du nord, les grands canaux d'irrigation ;

2° Des trois chemins principaux, dits de la Ruade, du Centre et de Meyran ;

3° Enfin, de tous les grands fossés de desséchement qui bordent les chemins précités.

En aucun cas, lesdits chemins, fossés de desséchement et canaux d'irrigation, ne pourront être supprimés, pour quelque motif que ce puisse être.

Le fossé qui sépare les chemins de service le long des canaux, de lots mis en vente, appartiendra par moitié aux adjudicataires, pour la portion longeant le lot de chacun, et pour l'autre moitié, aux chemins de service. L'entretien se fera à frais communs entre les copropriétaires.

Pour l'entretien, les réparations et l'agrandissement des canaux principaux, berges, écluses, francs-bords, ponts, cassis et tous autres travaux à faire sur lesdits canaux, les adjudicataires devront donner gratuitement passage aux hommes, chevaux, bœufs et charrettes employés auxdits travaux, ainsi que c'est l'usage en tous pays d'irrigation.

Il est formellement stipulé que la liquidation ne sera point responsable envers les adjudicataires des cas de force majeure, des cas fortuits et des accidents qui occasionneraient une diminution dans le volume des eaux, ou qui suspendraient la distribution desdites eaux.

Le syndicat pourra aussi suspendre le service des eaux lorsqu'il devra être procédé au curage des canaux ou à des réparations d'urgente nécessité.

Chacun des adjudicataires devra payer au syndicat pour sa quote-part dans l'entretien de tous les travaux d'art nécessaires à la jouissance des eaux et le service desdites eaux, une redevance annuelle de quinze litres de blé-froment par chaque hectare de terre irrigable du quartier n° 1, et par chaque neuf-millième d'eau.

Cette redevance commencera à partir du 1er janvier qui suivra l'adjudication.

La livraison de la redevance en blé sera faite par chaque adjudicataire à la Teste, au lieu et à l'époque qui seront indiqués par le syndicat.

Chaque adjudicataire pourra se libérer annuellement de cette redevance en nature par le paiement en espèces d'or ou d'argent au cours du jour de la valeur du blé-froment dont il sera tenu, en prenant pour base la moyenne des trois dernières années des mercuriales de la ville de Bordeaux.

Le paiement en espèces aura lieu chaque année, le 10 janvier, à la Teste, entre les mains de l'agent du syndicat.

III. — RÈGLEMENT POUR LA DISTRIBUTION DES EAUX.

La répartition des eaux, tant dans le quartier n. 1 que dans les quartiers n°s 2 et 5 de la plaine de Cazau, sera réglée par le syndicat de la plaine de Cazau, constitué suivant arrêté de M. le préfet de la Gironde, du 5 novembre 1855.

Les bouches d'eau des lots mis en vente seront ouvertes de la manière qui sera fixée au commencement de chaque saison par le syndicat,

La manœuvre des bouches d'eau et des vannes sera dirigée par le syndicat.

Aussitôt après la clôture des irrigations et jusqu'à leur reprise, pour assurer l'écoulement des eaux et les desséchements, toutes les rigoles devront rester constamment ouvertes, les vannes des buses levées de toute leur hauteur et arrêtées par des boulons à cadenas.

IV. — CONDITIONS RELATIVES A L'IRRIGATION ET AU DESSÉCHEMENT DES TERRAINS DES QUARTIERS N°s 2 ET 5.

Les terrains des quartiers n°s 2 et 5 sont soumis, pour l'irrigation et le desséchement, aux règles établies dans l'arrêté du 5 novembre 1855, constitutif du syndicat de la plaine de Cazau.

Le volume total d'eau d'irrigation auquel auront droit les portions arrosables des terrains desdits quartiers n°s 2 et 5 sera, pour le quartier n. 2, de quinze cent neuf-millièmes (1500/9000) de la masse des eaux concédées suivant ordonnance royale du 3 juillet 1838, et pour le quartier n. 5 de mille neuf-millièmes (1000/9000).

Les concessions ci-dessus, pour l'irrigation et le desséchement, sont faites aux mêmes charges, clauses et conditions que celles ci-dessus établies pour le quartier n. 1, sous les observations et modifications suivantes :

1° Les adjudicataires n'auront droit en aucun cas à un doublement d'eau d'arrosage;

2° Tous travaux tant pour prendre les eaux d'arrosage que pour établir les canaux de jouissance desdites eaux, vannes, déversoirs et accessoires, seront à la charge des adjudicataires et soumis à l'approbation du syndicat.

Il est ici expliqué :

1° Que pour le quartier n. 2 il a existé déjà, au delà du pont de Cazau, sur la rive gauche du canal des Landes, une prise d'eau, et que les vendeurs ne feront aucun obstacle à ce que cette prise d'eau soit descendue et établie en face de la prise de la rive droite, ou à tout autre point du canal;

2° Que pour le quartier n. 5, situé sur la commune du Teich, les eaux seront livrées à l'extrémité du canal d'irrigation n. 1, qui arrive au chemin du Teich à Sanguinet, formant la limite séparative des communes de Gujan et du Teich;

3° Les adjudicataires seront exempts de redevance d'arrosage pendant quatre ans pour le quartier n. 2, et pendant cinq ans pour le quartier

n. 5, à partir du jour de l'adjudication. A l'expiration de ces délais, si les adjudicataires n'entendent pas user du droit de prendre les eaux, ils auront la faculté de renoncer à tout ou à moitié de la concession.

V. — CONDITION RELATIVE AUX QUARTIERS Nᵒˢ 1 ET 3.

QUARTIER Nᵒ 1.

En vertu d'engagements par la Société d'Arcachon, qui ont déterminé la vente de la chute d'eau dite de la Féculerie, puis l'établissement sur ce point d'un moulin hydraulique d'indispensable nécessité pour le travail des produits en riz et céréales de la plaine de Cazau, l'adjudicataire du domaine dit la forge d'Arcachon ne pourra, de condition expresse, y ériger aucune usine à travailler les grains.

Les matériaux en général, briques, pierres, bois et fers des bâtiments et fourneaux de l'ancienne forge sont réservés par la liquidation d'Arcachon.

Les déversoirs existants sur le canal des usines, en face du corps d'habitation du domaine dit de la Forge, continueront de subsister, à charge par la liquidation de pourvoir seule à leur entretien.

QUARTIER Nᵒ 3.

1ᵒ Dans le cas où, par un motif quelconque, la prise d'eau de la Société d'Arcachon existant à l'est dans le canal des Landes viendrait à être déplacée et son ouverture remontée jusqu'à l'étang de Cazau, la Société d'Arcachon aurait le droit de disposer dans les terrains de la deuxième réserve du quartier n. 3 du sol qui serait nécessaire pour établir le prolongement du canal de prise d'eau et de ses francs-bords, mais à la charge de payer les emprises de terres au prix moyen de l'adjudication en bloc de la totalité du quartier ;

2ᵒ Un décret impérial du 1ᵉʳ août 1857, inséré le 31 au *Moniteur*, a déclaré d'utilité publique l'établissement d'une route agricole de la Hume à Sanguinet. Cette route, qui va traverser totalement les terrains du quartier n. 3 du nord au sud, à partir du canal d'irrigation n. 1 de la plaine de Cazau, au point dit la Prairie, jusqu'à l'extrémité desdits terrains, est destinée à remplacer d'une manière régulière les chemins ou tracés irréguliers qui suivent actuellement cette direction.

L'adjudicataire des terrains du quartier n. 3 sera tenu de supporter la prise de possession gratuite sans indemnité par l'administration de toute la portion du sol qui sera jugée nécessaire par elle pour l'assiette définitive, fossés compris, de la route agricole de la Hume à Sanguinet dans la traversée totale des terrains dudit quartier, et même pour un embranchement de ladite route sur le village de Cazau que pourrait déterminer l'administration.

Conditions de la vente

ARTICLE 1er.

TRANSMISSION DE PROPRIÉTÉ.

Les adjudicataires seront propriétaires par le fait seul de l'adjudication. Ils prendront les biens dans l'état où ils seront au jour de cette adjudication, sans pouvoir prétendre à aucune diminution de prix ni à aucune garantie et indemnité contre les vendeurs pour surenchères, dégradations, réparations ou erreurs dans la désignation, la consistance ou la contenance, ni à raison des droits de mitoyenneté, séparant lesdits biens des propriétés voisines, alors même que ces droits seraient encore dus et sans aucune garantie de mesure, lors même que la différence excéderait un 20e.

ARTICLE II.

SERVITUDES.

Les adjudicataires, soit qu'il y ait ou non déclaration, jouiront des servitudes actives et souffriront les servitudes passives, occultes ou apparentes, ainsi que l'effet des clauses dites domaniales, sauf à faire valoir les unes et à se défendre des autres à leurs risques, péril et fortune, sans aucun recours contre les vendeurs et sans que la présente clause puisse attribuer, soit aux adjudicataires, soit aux tiers, d'autres et plus amples droits que ceux résultant des titres ou de la loi.

ARTICLE III.

ENTRÉE EN JOUISSANCE.

Les adjudicataires entreront en jouissance à compter du jour de l'adjudication de la totalité des immeubles susdésignés, sauf ce qui sera dit, article 5 ci-après, concernant le domaine de Villemarie.

ARTICLE IV.

CONTRIBUTIONS. — INTÉRÊTS.

Les adjudicataires supporteront les contributions et charges de toute nature dont les biens sont ou seront grevés à compter du jour de leur entrée en jouissance.

Les intérêts du prix courront à raison de 3 1/2 p. 100 par année, sans aucune retenue, à compter de la même époque jusqu'au paiement intégral dudit prix; toutefois, après mise en demeure de payer, les intérêts du prix courront à 5 p. 100 à dater de cette mise en demeure.

ARTICLE V.

BAUX ET LOCATIONS.

Les vendeurs déclarent qu'aucun des immeubles mis en vente n'est loué, sauf le domaine de Villemarie et ses dépendances, qui sont affermés à la Société dites des Rizières de la Teste jusqu'au 1er janvier 1863, terme de durée de ladite Société, c'est-à-dire pour cinq années à partir du 1er janvier 1858. L'occupation dudit domaine jusqu'au 1er novembre 1859 est régie d'après bail reçu par Me Fremyn, notaire à Paris, le 16 juillet 1847, aux termes duquel tous loyers, jusqu'au 1er novembre 1859, se trouvent compensés valeur en amélioration des terrains du domaine.

Du 1er novembre 1859 jusqu'au 1er janvier 1863, l'adjudicataire du domaine de Villemarie aura droit, d'après conventions verbales avec la Société d'Arcachon, à un loyer annuel de 600 fr., net de toutes charges, payable chaque année au siége de la liquidation d'Arcachon, à partir du 1er janvier 1860.

ARTICLE VI.

ASSURANCES CONTRE L'INCENDIE.

Les adjudicataires devront entretenir, à partir du jour de leur entrée en jouissance et pour tout le temps qu'il en reste à courir, toute police d'assurance contre l'incendie qui a pu être contractée ; ils paieront, à partir de leur entrée en jouissance, les primes et droits de telle manière que les vendeurs ne puissent être aucunement poursuivis, inquiétés ni recherchés.

ARTICLE VII.

DROITS D'ENREGISTREMENT ET AUTRES.

Les adjudicataires seront tenus d'acquitter, en sus de leur prix, tous les droits d'enregistrement, de greffe et autres auxquels l'adjudication donnera lieu.

ARTICLE VIII.

FRAIS DE POURSUITE.

Les adjudicataires paieront entre les mains et sur la quittance des avoués poursuivants, en sus de leurs prix et dans les dix jours de leur adjudication, la somme à laquelle auront été taxés les frais faits pour parvenir à la vente et à l'adjudication des biens ci-dessus désignés, dont le montant sera déclaré sur le cahier des charges avant l'adjudication.

La grosse du jugement d'adjudication ne pourra être délivrée par le greffier du Tribunal qu'après la remise qui lui aura été faite de la quittance desdits frais, qui demeurera annexée à la minute du jugement d'adjudication.

Ces frais comprendront une somme de 8,369 fr. 93 c., montant de ceux faits les 30 novembre 1853, 13 mai 1854, pour arriver à la vente des terrains boisés du Teich composant 3 lots numérotés 1, 3 et 6, formant les 4ᵉ et 5ᵉ lots de la présente vente.

Les adjudicataires paieront également dans le même délai, entre les mains et sur la quittance des avoués poursuivants, et en sus du prix de l'adjudication, le montant de la remise proportionnelle fixée par la loi.

ARTICLE IX.

LEVÉE ET SIGNIFICATION DU JUGEMENT D'ADJUDICATION.

Les adjudicataires seront tenus de lever expédition du jugement et de le faire signifier dans le mois de l'adjudication à leurs frais.

Faute par eux de satisfaire à cette condition dans le délai prescrit, les vendeurs pourront se faire délivrer la grosse du jugement d'adjudication à leurs frais par le greffier du Tribunal.

ARTICLE X.

TRANSCRIPTION.

Dans les trente-cinq jours de leur adjudication, les adjudicataires seront tenus, sous peine de folle-enchère, de faire transcrire à leurs frais le jugement d'adjudication au bureau des hypothèques dans l'arrondissement duquel sont situés les immeubles mis en vente, et ce, afin d'assurer aux vendeurs par l'inscription d'office le privilége prévu par l'art. 2108 du Code Napoléon.

Dans les trois jours du dépôt du jugement au bureau des hypothèques, les adjudicataires seront tenus de notifier ce dépôt à leurs frais, par acte d'avoué à avoué, aux vendeurs et aux parties présentes à la vente.

A défaut d'accomplissement de cette dernière formalité dans le délai ci-dessus fixé, les vendeurs et autres intéressés présents à la vente auront le droit de prendre aux frais des adjudicataires une inscription de privilége, si mieux ils n'aiment poursuivre la revente de l'immeuble dans les termes de l'article 18 ci-après.

La poursuite de folle-enchère commencée dans les termes des stipulations qui précèdent ne pourra être arrêtée que par la justification de la conservation du privilége des vendeurs.

Dans tous les cas, les frais de la conservation de ce privilége seront à la charge des adjudicataires.

ARTICLE XI.

FORMALITÉS EN CAS D'INSCRIPTIONS.

Si, sur la transcription, il survient des inscriptions du chef des vendeurs ou de leurs auteurs, autres que celles pouvant exister au profit de la Société Gris, Roubo et Cⁱᵉ, les adjudicataires devront en dénoncer l'état aux deux liquidateurs, par acte d'avoué à avoué, dans la quinzaine de la délivrance de cet État.

Les frais de notification d'un état contenant les seules inscriptions de MM. Gris, Roubo et Cⁱᵉ, resteront à la charge des adjudicataires.

Les liquidateurs auront, à compter de cette dénonciation, un délai de dix jours pour rapporter aux adjudicataires le certificat de radiation de ces inscriptions.

Pendant ce délai, les adjudicataires ne pourront faire aux créanciers les notifications prescrites par les articles 2183 et 2184 du Code Napoléon, à moins qu'ils n'y soient contraints par les poursuites d'un créancier inscrit. Pendant ce même délai, ils ne pourront non plus faire ni offres réelles, ni consignation, ni aucune diligence pour opérer leur libération.

Les inscriptions prises sur un ou plusieurs des vendeurs ne pourront empêcher le paiement des portions de prix afférentes aux vendeurs non grevés.

ARTICLE XII.

PURGE LÉGALE.

Les adjudicataires auront un délai de quatre mois pour remplir, s'ils le jugent convenable, à leurs frais, les formalités nécessaires à l'effet de purger les hypothèques légales dont les biens pourraient être grevés.

ARTICLE XIII.

PAIEMENT DU PRIX.

Après l'expiration du délai pour purger les hypothèques de toute nature, soit que les adjudicataires aient ou non rempli toutes les formalités, ils seront tenus de payer leurs prix à Paris en principal et intérêts aux vendeurs, sur leur simple quittance et avec le concours de MM. Gris, Roubo et Cⁱᵉ, créanciers inscrits, ou sur la quittance conjointe de ceux-ci, conformément au jugement du 4 avril 1857.

Ce prix sera payé soit en espèces d'or et d'argent ayant cours de monnaie, le 11 juin 1860, soit valeur en titres d'obligations admis au lieu d'espèces au taux chacun de 500 fr., de l'emprunt hypothécaire souscrit au profit de la Société Gris, Roubo et Cⁱᵉ, par la Société d'Arcachon, ainsi qu'il résulte d'un contrat d'ouverture de crédit reçu par Mᵉ Roquebert, notaire à Paris, le 30 janvier 1845; étant ici bien entendu que les acquéreurs qui se libéreront en obligations de la Société d'Arcachon, conserveront le droit, à raison desdites obligations remises, de prendre part, mais jusqu'à concurrence de 200 francs seulement pour solde, dans toutes répartitions qui seraient faites après que les autres obligations auraient reçu 500 francs chacune.

L'acquéreur qui voudra se libérer en obligations devra l'avoir fait à l'expiration des quatre mois, à partir du jour de l'adjudication, sinon il ne sera plus admis à se libérer autrement qu'en espèces.

Dans le cas où les vendeurs ou leurs créanciers ne seraient pas en mesure de recevoir le prix, les adjudicataires auront la faculté de le conserver, à la charge de consigner tous les six mois, à partir de leur entrée en jouissance, les intérêts échus de ce prix, et de justifier de cette consignation à toute réquisition des vendeurs à l'un des créanciers inscrits.

ARTICLE XIV.

PROHIBITION DE DÉTÉRIORER LES IMMEUBLES VENDUS.

Avant le payement intégral de leurs prix, les adjudicataires ne pourront faire aucun changement notable, aucune démolition, coupe de bois, ni commettre aucune détérioration dans les biens, à peine d'être contrainte immédiatement à la consignation de leurs prix, même par la voie de folle-enchère.

Si les délais fixés par l'art. 12 ci-dessus ne sont pas expirés et que les vendeurs ne soient pas en état de recevoir le prix, les adjudicataires devront les indemniser de la perte que cette consignation leur ferait éprouver jusqu'à l'expiration desdits délais, soit pour le temps pendant lequel la caisse des consignations ne paye pas d'intérêts, soit pour la différence existante entre l'intérêt à 3 1/2 p. 100 et celui servi par la caisse des consignations.

ARTICLE XV.

REMISE DE TITRES.

Les liquidateurs remettront aux adjudicataires, lors du payement des prix, un extrait de l'acte de Société passé devant Mes Fremyn et Thiac, notaires à Paris, les 3 et 4 février 1837, en ce qui concerne l'apport fait à la Compagnie d'Arcachon, par M. Gaullieur-Lhardy, des terrains dans le département de la Gironde, dont font partie les biens mis en vente. Ils remettront également à l'adjudicataire du premier lot l'expédition du bail notarié du domaine de Villemarie.

A l'égard de tous autres titres de propriété que les adjudicataires voudront se procurer, ils sont autorisés à s'en faire délivrer des expéditions ou extraits à leurs frais.

ARTICLE XVI.

RÉCEPTION DES ENCHÈRES.

Les enchères ne seront reçues, conformément aux art. 705 et 964 du Code de procédure civile, que par le ministère d'avoués exerçant près le Tribunal civil de première instance du département de la Seine.

ARTICLE XVII.

DES COMMANDES.

Dans le cas où les adjudicataires useraient de la faculté de déclarer command, ceux qu'ils se seront substitués, en tout ou partie, seront obligés solidairement avec eux au payement du prix et à l'accomplissement des charges de l'enchère.

Les coadjudicataires seront obligés solidairement au payement du prix et à l'exécution des conditions de l'adjudication.

ARTICLE XVIII.

FOLLE-ENCHÈRE.

A défaut par les adjudicataires d'exécuter aucune des clauses et conditions de l'adjudication, de payer tout ou partie de leurs prix, ou de faire la consignation prescrite par l'art. 13 ci-dessus, les vendeurs ou leurs créanciers inscrits pourront faire revendre les biens par folle-enchère dans les formes prescrites par les art. 733 et suivants du Code de procédure civile.

Toutefois, les liquidateurs de la société d'Arcachon ne seront pas tenus de remplir les formalités nécessaires pour l'obtention d'une seconde grosse; ils poursuivront la folle-enchère sur la copie du jugement signifié par l'adjudicataire.

Si le prix de la nouvelle adjudication est inférieur à celui qui est dû alors en principal et intérêts sur le prix de la première, le fol-enchérisseur sera contraint au payement de la différence en principal et intérêts par toutes les voies de droit et même par corps, conformément à l'art. 710 du Code de procédure civile.

Dans le cas où le prix principal de la deuxième adjudication serait supérieur à celui de la première, la différence appartiendra aux vendeurs ou à leurs créanciers.

Dans aucun cas, le fol-enchérisseur ne pourra répéter, soit contre le nouvel adjudicataire, soit contre les vendeurs auxquels ils demeureront acquis à titre de dommages-intérêts, les frais de poursuite de vente ni ceux d'enregistrement, de greffe et d'hypothèque qu'il aurait payés et qui profiteront au nouvel adjudicataire. Le fol-enchérisseur ne pourra également repéter contre les vendeurs ou leurs créanciers auxquels ils demeureront acquis les intérêts du prix dont la consignation aurait été effectuée en vertu de l'art. 13 qui précède.

L'adjudicataire sur folle-enchère devra les intérêts de son prix du jour de l'adjudication à lui faite, sauf le recours des vendeurs ou de leurs créanciers contre le fol-enchérisseur pour les intérêts courus dans l'intervalle de la première à la deuxième adjudication.

Les conditions ci-dessus sont applicables même au cohéritier ou copropriétaire adjudicataire.

Il devra, dans le mois de son adjudication, faire transcrire son jugement dans les termes de l'art. 10 ci-dessus.

Aux effets ci-dessus, les vendeurs et leurs créanciers inscrits auront le droit de se faire délivrer dans les formes prescrites par l'art. 9 qui précède et aux frais de l'adjudicataire, une grosse de jugement d'adjudication, sans préjudice de toutes autres voies d'exécution.

ARTICLE XIX.

ATTRIBUTION DE JURIDICTION.

Le Tribunal civil de 1re instance du département de la Seine sera seul compétent pour connaître de toutes contestations relatives à l'exécution des conditions de l'adjudication et à ses suites, quelle que soit la nature desdites contestations et le lieu du domicile des parties intéressées.

ARTICLE XX.

ÉLECTION DE DOMICILE.

Les adjudicataires seront tenus d'élire domicile à Paris pour l'exécution des charges, clauses et conditions de l'adjudication ; ce domicile sera élu de droit chez l'avoué qui se sera rendu adjudicataire.

Les vendeurs élisent domicile, savoir :

M. Cazeaux en l'étude de Me Castaignet, avoué ;

M. Broutta en l'étude de Me Dromery, avoué.

Les autres intéressés présents à la vente, savoir :

Les parties représentées par leurs avoués, en l'étude de ceux-ci, et les autres n'ayant pas constitué avoué en leurs demeures respectives.

Les domiciles élus conserveront leur effet, quels que soient les changements qui pourraient survenir dans les qualités ou l'état des parties.

Dans le cas où l'une d'elles changerait de domicile élu, la nouvelle élection devra toujours être faite à Paris.

Les domiciles élus seront attributifs de juridiction, même pour le préliminaire de conciliation.

Les actes d'exécution, ceux sur la folle-enchère, les exploits d'offres réelles et d'appel et tous autres y seront valablement signifiés.

Les dispositions ci-dessus seront applicables aux héritiers, représentants et à tous autres ayants cause.

ARTICLE XXI ET DERNIER.

MISE A PRIX.

Outre les charges, clauses et conditions ci-dessus, les enchères seront reçues sur les mises à prix fixées par le jugement du 4 avril 1857, pour le 1er lot, à la somme de . . . . 172,211 fr.

Pour le 2e lot, à la somme de . . . . 236,700.

Pour le 3e lot, à la somme de 190,900

Pour le 4e lot, à la somme de 165,110

Pour le 5e lot, à la somme de 407,000

Total. . . . . 1,171,921 fr.

Fait et rédigé par les avoués poursuivants, à Paris, le 1er décembre 1857.

Signé, CASTAIGNET,
Et DROMERY.

Le 9 mai 1863,

Au greffe a comparu Me Georges Castaignet, avoué, lequel a dit que depuis le dépôt fait au greffe, le 2 juin 1858, du cahier des charges dressé par Me Henri Castaignet, alors avoué, et Me Dromery, des changements étaient survenus qui motivaient des modifications notables audit cahier des charges. Et d'abord, Me Georges Castaignet déclare qu'aux lieu et place de M. Henri Castaignet, son père démissionnaire, il se constitue et il occupera pour M. Pierre-Euryale Cazeaux, ès-qualités que celui-ci agit et qu'il réitérera cette constitution par acte du Palais.

Que M. Constant Broutta, l'un des liquidateurs de la Compagnie agri-

Constitution d'a-
oué.

écès de M. Broutta.

cole et industrielle d'Arcachon est décédé le 9 septembre 1862, et que désormais M. Cazeaux agira seul, comme liquidateur survivant, avec tous les pouvoirs qu'avaient les deux liquidateurs, MM Cazeaux et Broutta et ce aux termes de la sentence arbitrale du 21 décembre 1846, énoncée audit cahier des charges.

Le cahier des charges, du 1er décembre 1857, contient un para- Qualités des parties. graphe portant pour titre : « Dissolution de la Compagnie agricole et industrielle d'Arcachon. » Aux faits qui y sont énoncés, il y a lieu d'ajouter : Que depuis cette époque il y a eu des décès et changements de qualité de divers propriétaires et autres parties au cahier des charges, ainsi :

1° M. Adrien-Benjamin Féline, désigné sous le n° 5 est décédé, et est représenté aujourd'hui, par M. Philippe Féline, son frère, domicilié à Paris, rue Bleue, n. 3 ;

3° M. Auguste-Jacques-Joseph Leroy, désigné sous le n° 8, est décédé, et est représenté par M. Arthur-Auguste Leroy, auditeur au conseil d'État, domicilié à Paris, rue du Havre, n. 7 ;

3° Mme Marie-Madeleine-Victoire de Pélissier-Chantereine, veuve de M. le marquis Alexandre de Blacas-Carros, désignée sous le n° 11, est décédée ;

4° M. le vicomte Alphonse de Blacas-Carros, désigné sous le n° 12, est décédé ;

5° M. Antoine-Cyprien Gris, désigné sous le n° 18, est décédé, et sa succession est représentée par : 1° M. Jules-Antoine Gris, domicilié à la Ferté-sous-Jouarre (Seine-et-Marne) ; 2° Mme Adèle-Antoinette Gris, épouse de M. Léon Éloy, ancien notaire, avec lequel elle demeure à Paris, rue de la Cerisaie, n. 13 ; 3° Mlle Louise-Antoinette Gris, demeurant à Paris, rue de la Cerisaie, 13 ; lesdits sieurs Gris, dame Éloy, et la demoiselle Gris, ses héritiers sous bénéfice d'inventaire ; mais par suite de la folle-enchère suivie contre lesdits héritiers et par l'effet de l'adjudication du 12 février 1863, cette succession a cessé d'avoir aucun droit dans la propriété du 78e lot et dans les biens indivis dont la vente est actuellement suivie et ses droits sont acquis à la liquidation qui est restée adjudicataire.

6° M. Félix Broutta, chef d'escadron de cuirassiers, désigné sous le

8

n. 21, est en ce moment domicilié à Thionville, où son régiment tient garnison.

7° M. Louis-Alfred, comte de Saint-Mauris, désigné sous le n. 34, est décédé et est représenté par cinq héritiers : 1° M. René de Saint-Mauris, propriétaire au Bouchut, commune de Varenne Saint-Sauveur; 2° M. Henri de Saint-Mauris, propriétaire au même lieu; 3° Marie de Saint-Mauris, demeurant avec ses frères au même lieu, mineure émancipée, ayant pour curateur M. Victor-Théobald de Chaignon, demeurant à Saint-Amour (Jura); 4° Alphonse de Saint-Mauris, propriétaire à Genolhac (Gard); 5° Alexis de Saint-Mauris, propriétaire au Creuzot (Saône-et-Loire).

8° M. Laurent-Théodore Cottreau est décédé et est représenté par M. Louis-Charles Cottreau, propriétaire, demeurant à Paris, rue de Rivoli, n. 240, et Mme Gabrielle-Bénédicte-Laure Cottreau, veuve de M. Nicolas-Henri Delahaye, propriétaire, demeurant à Paris, rue Richer n. 50, ses héritiers pour moitié chacun.

9° M. Laurent Cottreau est décédé et représenté aujourd'hui par : 1° Mme Thérèse-Aglaé Joly, sa veuve, domiciliée à Paris, rue d'Hauteville, n. 23; 2° Mme Marie-Mathilde Cottreau, épouse séparée de biens de M. Joseph-Paul-Emile Marochetti, domiciliée à Paris, rue de Bondy, n. 3; 3° M. Gabriel-Alfred Cottreau, avoué près le Tribunal civil de la Seine, à Paris, rue Laffitte n. 11.

Désigné sous le n° 48.

10° M. Domaine-Guillaume Mestrezat, désigné sous le n. 48, est décédé et est représenté par : 1° M. Antoine-Raymond-Paul Mestrezat, négociant à Bordeaux, tuteur datif du mineur Louis-Léonce Jurine, ledit mineur héritier de son père André-Louis Jurine; 2° M. Sébastien-Jean Kat Willem Jurine, subrogé tuteur dudit mineur Jurine ainsi que du mineur Louis-Henri-Jacques Wüstemberg, demeurant également à Bordeaux, ledit mineur Wustemberg issu du mariage dudit sieur avec la dame Anne-Wilhelmine Jurine, héritier de son aïeul André-Louis Jurine, par représentation de sa mère décédée.

11° Par suite de licitation poursuivie par la comtesse de Brissac, par la comtesse de Riencourt et par la comtesse de La Châtre, sous l'autorisation et l'assistance de leurs maris, toutes les trois dénommées sous les n°s 54, 55 et 56 en leurs qualités d'héritières de M. Anne-Christian-

Marie-Gaston, prince de Montmorency, M. Moïse-Prosper Lunel, rentier, domicilié à Paris, rue Olivier, n. 23, s'est rendu adjudicataire par procès-verbal reçu Dignac, notaire à Gujan (Gironde), le 20 mai 1860, enre-gistré, des droits et portions indivis appartenant à M. le prince de Mont-morency dans les différents quartiers des terrains de la Compagnie d'Arcachon à raison de l'adjudication qui avait été faite audit prince de Montmorency du 17ᵉ lot des terrains du quartier des Irrigations, par le jugement du 22 décembre 1847. M. Lunel a fait connaître cette adjudi-cation aux liquidateurs de la Compagnie d'Arcachon, par acte signifié à sa requête, le 9 novembre 1860, du ministère de Forest, huissier à Paris; et Mᵉ Dufay, avoué, s'est constitué pour M. Lunel et a repris l'instance en son nom sur l'exécution du jugement du 3 mai 1859, par acte d'avoué signifié le 27 mars 1863; et par autre acte d'avoué du 27 décembre 1860, M. Lunel a signifié à l'avoué des liquidateurs le procès-verbal d'adjudication dudit jour 20 mai 1860.

12° Sous le n. 60 figuraient M. Gris, dont il a été parlé ci-dessus, et M. Jean-Baptiste Roubo, avocat, et tous deux agissaient comme seuls gérants de la Société constituée à Paris sous la raison sociale Gris-Roubo et Cⁱᵉ, dont le siége était à Paris, rue Rameau, n. 6.

M. Gris étant décédé, M. Lessorre a été adjoint à M. Roubo. Mais M. Roubo est à son tour décédé le 3 mars 1863, et M. Henri-Gustave Derignières a été nommé en son remplacement par assemblée des action-naires le 4 mai 1863.

Mᵐᵉ Marguerite Gérard, veuve de M. Jean-Baptiste Roubo et sa légataire universelle, a, par acte d'avoué signifié le 22 avril et contenant constitu-tion de Mᵉ Caron, avoué, déclaré reprendre l'instance en son nom sur l'exécution du jugement du 3 mai 1859;

13° Enfin sous le n. 62 figure M. Jean-Louis Vallier, huissier à Dra-guignan (Var), en sa qualité de curateur à la succession vacante de M. le comte Claude-Marie-Alexandre de Blacas-Carros, décédé à Dra-guignan.

Mais les liquidateurs de la Compagnie d'Arcachon ayant poursuivi la folle-enchère contre le curateur à la succession vacante, à raison des lots 15, 16, 19 et 20 adjugés le 22 décembre 1847 à M. le comte de Blacas-

Carros, et s'étant rendus adjudicataires de ces lots et des droits de M. le comte de Blacas dans les biens indivis, c'est désormais la liquidation qui exercera sur le prix de la vente présentement suivie tous les droits de la succession vacante de M. le comte de Blacas-Carros.

Demandes en résolution des adjudications.

Le marquis de Boissy et la dame Marie-Constance, comtesse de Gimmel, ayant formé contre les liquidateurs de la Compagnie d'Arcachon des demandes afin de résolution des adjudications de lots faites à chacun d'eux le 22 décembre 1847, sous le prétexte que les lots à eux adjugés ne recevaient pas les eaux auxquelles ils avaient droit. il est intervenu, le même jour 22 juillet 1859, deux jugements qui ont déclaré qu'il n'y avait lieu de prononcer la résolution de l'adjudication pour cause de dol et fraude; mais avant faire droit sur la demande en résolution pour inexécution des conditions de l'adjudication, ont ordonné une expertise, à l'effet, notamment, de constater si tous les travaux à la charge des liquidateurs avaient été exécutés.

Sur les appels relevés desdits jugements, il est intervenu devant la Cour impériale, à la date du 22 février 1862, un arrêt qui a mis à néant les jugements du 29 juillet 1859 sur le chef relatif à la résiliation; émendant quant à ce, a déclaré le marquis de Boissy et la dame de Gimmel mal fondés dans leur demande principale en résiliation et les en a déboutés; puis statuant sur la demande subsidiaire en dommages-intérêts a ordonné une expertise dont il est inutile de s'occuper pour ce qui concerne la vente actuelle.

Depuis, et sous les dates des 12, 13 et 21 mai 1862, le marquis de Coriolis d'Espinouse, le marquis d'Estampes, le comte Charles-Louis-Guillaume de Puységur, le duc de Lorges, le vicomte Louis de Bertier, le vicomte Victor de Puységur, M. de Mestrezat, le vicomte d'Isarn Freyssinet et le marquis de Vesins, ont formé de nouvelles demandes en résolution des adjudications à eux faites le 22 décembre 1847. — Il n'a encore pas, été suivi sur ces demandes nouvelles.

Diverses tentatives d'adjudication.

En exécution du jugement du 4 avril 1857, les deux liquidateurs ont, tenté une adjudication à la date du 16 janvier 1858, sans trouver enchérisseur; ils ont tenté une nouvelle adjudication le 24 novembre 1858, sur des mises à prix réduites, toujours sans succès, et c'est alors que, sur leurs conclusions incidentes à l'audience, il a été rendu, le 3 mai 1859, en la première chambre du tribunal, le jugement dont suit la teneur :

« Attendu que les liquidateurs de la Compagnie d'Arcachon retirent
« de la vente les biens du quartier n° 1, dans lesquels les autres parties
« en cause n'ont aucun droit de copropriété, lesquels biens seront plus
« convenablement vendus avec le surplus des biens propres à cette liqui-
« dation ; que ce retranchement est sans inconvénient ;

« Attendu que les tentatives de vente faites sans succès jusqu'à ce
« jour, démontrent que les mises à prix étaient trop élevées ; — que c'est
« le cas d'ordonner une nouvelle réduction ; qu'il y a lieu d'ailleurs de
« maintenir aux liquidateurs tous les pouvoirs qui leur ont été précé-
« demment conférés ;

« En ce qui touche de Boissy et la femme de Gimmel ; — attendu
« que s'ils ont formé des demandes en résolution des ventes qui leur
« ont été faites par le jugement d'adjudication du 22 décembre 1847,
« tant qu'il n'a pas été statué sur ces demandes, les droits de copropriété
« de de Boissy et de la femme de Gimmel subsistent, et que tous droits
« réservés sur la demande en résolution, il y a lieu de déclarer le juge-
« ment commun avec eux ;

« Par ces motifs, — ordonne que les biens du quartier n° 1 qui forment
« le premier lot du cahier d'enchères sont distraits de la vente quant à
« présent, — ordonne que les quatre lots restant seront vendus sur des
« mises à prix réduites de moitié, savoir : les biens du quartier n° 4 formant
« désormais le premier lot, sur la mise à prix de 55,000 francs ; ceux du
« quartier n° 3, formant le deuxième lot, sur la mise à prix de 63,600 fr. ;
« ceux du quartier n° 2, formant le troisième lot, sur la mise à prix de
« 78,900 francs ; et ceux du quartier n° 5, formant le quatrième lot, sur
« la mise à prix de 152,600 francs ;

« Maintient au surplus aux liquidateurs tous les pouvoirs à eux con-
« férés par les jugements précédemment rendus ; réserve à de Boissy
« et à la femme de Gimmel leurs droits sur leurs demandes en résolution,
« et néanmoins déclare le jugement commun avec eux ; compense les
« dépens qui seront employés en frais de vente, ainsi que ceux mis à la
« charge des biens du quartier n° 1, qui seront répartis sur les autres

« lots, desquels dépens distraction est faite au profit des avoués qui « l'ont requise. »

Indication des biens mis en vente.

Ainsi, en rapprochant le jugement du 4 avril 1857, transcrit au cahier des charges qui précède, et celui du 3 mai 1859, il en résulte : 1° que tous les biens du quartier n° 1 sont retirés de la vente dans le dernier état des choses réglé par le jugement du 3 mai 1859; 2° que tous les terrains que la liquidation de la Compagnie d'Arcachon avait exceptés de la vente et s'était réservés lors du cahier des charges primitif sur lequel ont eu lieu les adjudications du 22 décembre 1847, ont été compris dans la vente faisant l'objet du cahier d'enchères du 1er décembre 1857, avec les terres des quartiers dont ces réserves font partie.

Pour éviter toute erreur, le liquidateur a fait dresser un nouveau plan rectificatif des mesures des terrains, et propre à donner les limites plus précises des lots. — Ce plan, signé de M. Cazeaux, liquidateur, et de M. Féry, ingénieur de la Compagnie d'Arcachon, timbré à l'extraordinaire et enregistré, a été présentement déposé au greffe par Me Castaignet, avoué, pour demeurer annexé au présent dire et au cahier des charges.

Et, en conséquence, les lots sont désignés et circonscrits ainsi qu'il suit :

Nouvelle désignation des lots.

Les terrains du quartier n° 1 faisant le premier lot du cahier des charges du 1er décembre 1857, ne sont pas compris dans la vente.

PREMIER LOT (qui est ce qui reste encore invendu du quartier n° 4 du plan ayant formé le quatrième lot du cahier des charges du 1er décembre 1857).

1° Une partie numérotée 1 d'une superficie de 905 h. 18 a. 98 c., dont 174 hectares, pins de 22 ans (sur quoi 15 hectares environ de clairières), 82 hectares pins de 12 ans, et 683 h. 18 a. 98 c. de landes à boiser.

Il tient du nord à MM. Pereire, fossé mitoyen entre deux, aux propriétés du Broust et de Coutiron, du midi aux landes communales de Sanguinet, du levant aux landes de Villemore, à des pins et landes de la liquidation d'Arcachon et à la propriété dite des Abeilleys ; du couchant au chemin de Camps à Sanguinet, séparatif du quartier n° 3 de la plaine.

Ce lot renferme une enclave dite du Taron, il est traversé du nord-est au sud-ouest par la route agricole de Caudos à Sanguinet sur une longueur de 2,300 mètres, du nord-ouest au sud-est sur une long.ieur de 2.350 mètres par la route agricole de la Teste à Sanguinet, et du nord au sud par le chemin classé du Teich à Sanguinet. L'ancien chemin de la Teste au Muret par Laignereau passe ainsi sur deux parties dudit lot.

Nota. — On voit sur le plan de cette partie teintée en vert à l'angle *sud-est*, une pièce marquée par des hachures qui était portion réservée par la liquidation dans le cahier des charges et qui fait présentement partie de la vente.

2° Une partie numérotée 2 d'une superficie de 474 hectares de pins de 23 ans, tenant du côté nord aux pins de M. Johnston, fossé mitoyen entre deux ; du midi aux pins de MM. Pereire, fossé mitoyen entre deux ; du levant aux landes de Villemore et du couchant au chemin du hameau de Camps à Sanguinet, séparatif des landes du quartier n° 3. — Ce lot est traversé par un chemin classé du Teich à Sanguinet.

Nota. — On voit à la pointe ouest du plan de cette partie teintée en vert une pièce marquée par des hachures, qui était primitivement réservée et qui fait présentement partie de la vente.

Deuxième lot. — Quartier n° 5. — Un lot d'une contenance superficielle de 848 hectares 53 ares, chemins et pare-feux compris, dont :

660 hectares 53 ares, pins de 32 ans.

60 hectares à repeupler.

53 hectares, pins de différents âges entre 8 et 18 ans.

Et 75 hectares, pins de 17 ans.

Ce lot tient du levant au chemin du Teich à Sanguinet, le séparant des pins de M. Irigoyen, et, par une partie saillante, nommée les Crambes, aux bois de M. Adrien Festugière et aux landes communales du Teich ; du couchant au chemin du hameau de Camps à Sanguinet, séparatif du quartier n° 1 ; du nord à la Craste-Baneyre, mitoyenne avec les landes communales du Teich ; du midi aux pins de M. Nathaniel Johnston, pare feu mitoyen entre deux, et par la partie dite des Crambes, aux landes et pins de M. Irigoyen.

Ce lot est traversé dans la partie des Crambes par les chemins du Teich à Bolands et à la verrerie de M. Irigoyen.

Nota. — On voit dans la partie *nord-est* de ce lot teinté en vert foncé la pièce marquée par des hachures, qui était primitivement réservée par la liquidation et qui fait présentement partie de la vente.

Troisième lot. — Quartier n° **2**. — Le quartier n° 2 contient en superficie 1,045 hectares dont 600 hectares ont été nivelés.

Ce lot tient du levant au canal de navigation des landes ; le chemin de Cazau à la Teste entre deux, sur une longueur de 6,200 mètres, dans la partie méridionale, et traversant ce lot sur une partie ; du côté du couchant à la Craste Nézer, séparative de la forêt et des terres de la Teste ; du bout nord à la dite Craste-Nézer séparative des terres de la Teste, et du bout sud à l'étang de Cazau.

Nota. — On voit aux deux extrémités *nord* et *sud* de ce lot teinté en jaune au plan, les parties primitivement réservées par la liquidation, marquées par des hachures, comprises dans la présente vente. — Deux autres chemins, partant l'un, du pont de la quatrième écluse, l'autre du pont de Cazau traversent encore ce lot.

Quatrième lot. — Quartier n° 3. — Le quartier n° 3 offre une superficie de 3,181 hectares 70 ares 44 centiares de landes ; il tient du nord au canal de prise d'eau, au canal d'irrigation n° 1, et au domaine de Taurès ; du midi à l'Etang de Cazau ; du levant aux pins et landes du Teich (quartier n° 4), chemin de Camps à Sanguinet entre deux ; du couchant aux terres, bois et jardins du village de Cazau, au canal de navigation des landes et au canal de prise d'eau.

Ce lot est traversé par la route agricole de la Teste à Sanguinet, sur une longueur de 4,200 mètres, par les chemins de Cazau à Sanguinet et au Teich, et par un chemin de 100 mètres environ allant du village de Cazau au pont sur le canal. Il renferme deux enclaves, celle de Saussous et celle de Tchouyères.

Nota. — Trois parties marquées par des hachures sur le plan de ce lot teinté en rose indiquent les parties anciennement réservées par la liquidation qui sont comprises dans la présente vente.

A l'art. II des conditions de la vente ayant pour titre *servitudes* le liquidateur ajoute:

1° Que la vente est faite sans aucune garantie à raison des chemins, sentes, passages, suivis habituellement à pied ou en charrettes, par des habitants ou des étrangers, les acquéreurs devant s'en défendre à leurs risques et périls.

2° La liquidation se réserve le droit, dans le cas où l'autorité administrative supérieure exigerait que la liquidation ou son représentant reportât à l'étang de Cazau la prise d'eau existant actuellement sur le canal des Landes, de prendre sur les terrains du 4° lot, quartier n° 3, une bande de terrain parallèlement au canal des Landes, nécessaire et suffisante suivant les prescriptions administratives, pour reporter à l'étang de Cazau la prise d'eau du canal particulier de la Compagnie d'Arcachon. La liquidation ne sera tenue qu'au remboursement, à l'adjudicataire du 4° lot, de la valeur des arbres qui seraient abattus pour l'exécution de ce travail, sans aucune indemnité à raison de la prise du terrain.

3° Dans le 4° lot, une tentative d'enlèvement de souches de bruyères pour faire du charbon, a été faite il y a plusieurs mois, sous les ordres d'un sieur Lepot; assignation lui a été donnée devant le tribunal de Bordeaux, avec sommation de produire les prétendus titres sur lesquels il s'appuie.— Et ces titres étant entre les mains des maires de la Teste et de Guzan, à ce qu'il prétend, il s'est pourvu devant le Conseil de Préfecture, à l'effet d'obtenir la mise en cause desdits maires.

Ce procès sera suivi ou repris en instance par l'adjudicataire du 4° lot à ses risques et périls.

4° La liquidation réserve pour l'usage commun le droit à un chemin sur une largeur de 12 mètres sur les terrains du 4° lot, partant de l'angle que fait le canal n° 1er avec le canal de prise d'eau; ledit chemin longeant le contre-fossé du canal de prise d'eau et le contre-fossé du canal de navigation, jusqu'à l'étang de Cazau.

2ᵉ Lot.

La portion de la Craste-Baneyre (ancien fossé d'écoulement qui longe le 2ᵉ lot, quartier n° 5), sera entretenue de concert avec les autres riverains suivant les conditions locales.

Entrée en jouissance.

Ajoutant à l'article III. — Il est déclaré que les adjudicataires des lots boisés, 1ᵉʳ lot (quartier n° 4) et 2ᵉ lot (quartier n° 5), auront à payer aux mains et sur la quittance de l'avoué poursuivant, dans le même délai que les frais de poursuite de vente, la somme de 1,200 fr. pour frais de comptage d'arbres et de plans dus à M. Féry, ingénieur, savoir : un quart à la charge du 1ᵉʳ lot et trois quarts à la charge du 2ᵉ lot, étant expliqué que pour les résines qui se trouveront dans les *barcks* au moment de la vente, elles seront propriété du vendeur.

Les adjudicataires paieront impôt et frais de garde, à partir de l'entrée en jouissance.

Pour ces mêmes lots, il existe avec divers habitants un marché pour un an, pour pacage de troupeaux et soustrage de bruyères, d'environ 600 fr. de produit par an. — Les adjudicataires des premier et deuxième lots auront à supporter ces parcours et jouissance jusqu'à la fin de l'année sans répétition du prix du parcours, ils seront tenus également de laisser carboniser sur place les bois acquis aux sieurs Ferrère et Boireau, négociants à Salles, et qui peuvent être déjà réunis en charbonnière.

Contributions.

Ajoutant à l'article IV. — Chaque adjudicataire remboursera à la liquidation les impôts que la liquidation justifierait avoir payés pour l'année à compter du 1ᵉʳ janvier 1863.

Baux et locations.
3ᵉ Lot.

Ajoutant à l'article V. — Il est déclaré à l'adjudicataire du 3ᵉ lot, quartier n° 2, qu'un sieur Navailles est locataire de 20 hectares de terrain, au prix de 360 francs par année, et que sa jouissance durera jusqu'à l'époque du 1ᵉʳ janvier 1867, mais qu'à défaut de paiement de son fermage, il paraît qu'il existe une instance en résiliation.

Assurances.

Ajoutant à l'article VI. — Il est déclaré que la liquidation a fait avec la Compagnie d'assurances de Paris dite *Compagnie centrale mutuelle* un traité verbal pour assurance contre l'incendie des bois, savoir : pour le

1ᵉʳ lot : sur deux parties de bois, quinze mille francs sont couverts sur chacune, ensemble trente mille francs, moyennant la somme de 495 fr. 45 c. par chaque partie, soit 990 francs 90 centimes pour les deux assurances devant durer jusqu'au 1ᵉʳ avril 1866 ; et cinquante mille francs sont couverts sur les bois du 2ᵉ lot, à la prime de 1,601 fr. 50 centimes jusqu'au 1ᵉʳ avril 1868 ; que le montant de ces assurances étant payable d'avance pour l'année courante, il vient d'être payé pour le 1ᵉʳ lot 990 fr. 90 c., et pour le 2ᵉ lot 1,601 fr. 50 c., lesquelles deux sommes seront remboursées par chacun des adjudicataires de ces lots aux mains de l'avoué poursuivant, sur sa simple quittance, en sus de leur prix, en même temps que les frais de poursuite, comme charge des fruits de l'année courante.

Ajoutant à l'article XIII. — Il est dit que la valeur moyenne de chaque hectare dans chaque lot, soit pour les terrains réservés originairement à la liquidation, soit pour les terrains de l'indivision, étant la même, il n'y a d'autre règle à suivre pour la ventilation du prix entre la liquidation et les vendeurs propriétaires indivis, que celle des contenances, savoir :

Art. 13. Paiement du prix.

			SUPERFICIE.	*Mises à prix.*
1ᵉʳ Lot. —	Quartier n° 4		1,379 hect. 18 ares 98 cent.	55,000 » »
2ᵉ Lot. —	Id.	n° 5	848 hect. 53 ares	152,600 » »
3ᵉ Lot. —	Id.	n° 2	1,045 hect.	78,900 » »
4ᵉ Lot. —	Id.	n° 3	3,181 hect. 70 ares 44 cent.	63,600 » »
				350,100 » »

En conséquence, le prix de chaque lot appartiendra et sera reçu et quittancé eu égard aux contenances susdites, par la liquidation et par les vendeurs des terrains indivis, ou en leur nom, conformément à ce qui est prescrit au jugement du 4 avril 1857, transcrit en tête du cahier des charges qui précède.

Contrairement à ce qui est dit à l'article 13 du cahier d'enchère, le prix sera payé en argent seulement et non en titres d'obligations de l'emprunt hypothécaire souscrit au profit de la Société Gris Roubo et Cⁱᵉ par la Société d'Arcachon par le contrat du 30 janvier 1845, reçu par Mᵉ Roquebert, notaire à Paris (tout ce qui est dit à ce sujet dans le cahier d'enchère, article 13, devant être considéré comme non avenu).

Fait par l'avoué poursuivant à Paris, le 9 mai 1863.

Signé , CASTAIGNET.

52917 Paris. Imp. Renou et Maulde, rue de Rivoli 144.

www.ingramcontent.com/pod-product-compliance
Lightning Source LLC
Chambersburg PA
CBHW070824210326
41520CB00011B/2097